Pflege
PRAXIS

Bernd Hoffmann

Aktivierung und Beschäftigung für Männer

Von der Planung bis zur Durchführung

Die besten Ideen – sofort umsetzbar

schlütersche

Bernd Hoffmann kam erstmals im Rahmen seines Zivildienstes in einer Tagespflegeeinrichtung mit der Altenpflege in Kontakt. Von da an war ihm klar, dass er künftig mit und für alte Menschen arbeiten möchte.

Nachdem er an der Universität Siegen ein Sozialpädagogikstudium mit Diplom abgeschlossen hatte, leitete er zunächst mehrere Jahre lang den Sozialen Dienst zweier rheinland-pfälzischer Pflegeeinrichtungen. Er absolvierte eine Fortbildung zum Heimleiter und übernahm 2009 erstmals die Leitung eines Pflegeheims.

Seit 2010 leitet er hauptberuflich als Geschäftsführer und Einrichtungsleiter eine stationäre Pflegeeinrichtung im Ruhrgebiet. Zudem ist er seit über zehn Jahren freiberuflich als Dozent und Prüfer in der Erwachsenenbildung tätig und hat darüber hinaus diverse Artikel in Fachmedien veröffentlicht.

> »Es ist unsere Aufgabe,
> die Neugierde der Senioren
> zu wecken!«

BERND HOFFMANN

pflegebrief
– die schnelle Information zwischendurch
Anmeldung zum Newsletter unter www.pflegen-online.de

Bibliografische Information der Deutschen Nationalbibliothek
Die Deutsche Nationalbibliothek verzeichnet diese Publikation in der Deutschen National-
bibliografie; detaillierte bibliografische Daten sind im Internet über https://dnb.de abrufbar.

ISBN 978-3-8426-0815-3 (Print)
ISBN 978-3-8426-9016-5 (PDF)
ISBN 978-3-8426-9017-2 (EPUB)

© 2019 Schlütersche Verlagsgesellschaft mbH & Co. KG,
           Hans-Böckler-Allee 7, 30173 Hannover

Titelbild: © LIGHTFIELD STUDIOS - stock.adobe.com
Covergestaltung und Reihenlayout: Lichten, Hamburg
Druck: Beltz Bad Langensalza GmbH, Bad Langensalza

Inhalt

Danksagung

Ich danke in erster Linie der Schlüterschen Verlagsgesellschaft, die mir die Möglichkeit gegeben hat, meine über Jahre gesammelten Erfahrungen in der Betreuung männlicher Pflegebedürftiger in diesem Buch zu bündeln.

Justyna Musiała, Bastiaan Winde und Vincent Bijwaard danke ich für ihre künstlerisch-kreative Unterstützung. Sie zeichnen für einige der verwendeten Fotos verantwortlich.

Großer Dank geht auch an Astrid Buschfeld und Thomas Grziwotz vom Lucy-Romberg-Haus, einem Bildungsinstitut der AWO in Marl. Sie waren die ersten, die mich mit meinem Seminar »Maloche, Fußball & Feierabendbier« vor einigen Jahren auf die Leute losgelassen haben, da sie die Bedeutung des Themas erkannten. Ich freue mich auf die Fortführung unserer wunderbaren Zusammenarbeit.

Auch bei den vielen Seminarteilnehmern der vergangenen Jahre möchte ich mich bedanken. Die Rückmeldungen aus der Praxis waren und sind sehr wertvoll für mich. Es ist exakt so, wie ich es häufig zu Beginn eines Seminartages sage: Nicht nur die Teilnehmer nehmen etwas für sich mit, sondern auch ich etwas für mich – und das aus jedem einzelnen Seminar. Besonders hervorheben möchte ich an dieser Stelle Sebastian Röder, der mit dem Team der Caritas Tagespflege St. Paulus in Kamp-Lintfort sehr kreative und herausragende Dinge fabriziert, auf die ich in diesem Buch ebenfalls eingehen werde. Selbiges gilt für Waltraud Möllmann, die ihren Einrichtungsleiter tatsächlich dazu bewegen konnte, aktiven Bogensport mit älteren Herren zu gestatten. Auch hierüber werde ich Ihnen auf den Folgeseiten berichten.

Abschließend danke ich den für mich wichtigsten Personen (und Lebewesen) überhaupt: Meiner Frau Sabine und meinen Hunden Holly und Cira. Die drei hatten in den letzten Wochen und Monaten sehr wenig von mir, da ich mich ständig zum Lesen und Schreiben in mein Arbeitszimmer verzog. Vielen Dank für Eure Geduld. Ab sofort mische ich mich wieder verstärkt unters Rudel!

Einleitung

Da stand ich nun. »Nimm mal den Herrn Meier mit und geh mit ihm eine Runde durch den Wald.« Was meine Kollegen aus der Tagespflege mir, dem Neu-Zivi, da an meinem ersten Arbeitstag auferlegten, klang leicht. War es auch. Bis Herr Meier nicht mehr zurückwollte und ich erstmals in meinem Leben mit dem, zumindest für mich, äußerst herausforderndem Verhalten eines demenzkranken Mannes konfrontiert wurde. Auch wenn ich mit der Situation (mangels Kenntnis des Krankheitsbildes Demenz) hoffnungslos überfordert und zudem noch froher war, dass die Altentherapeuten mir bald zu Hilfe eilten und Herrn Meier zur Rückkehr bewegten: Dies war zugleich der Moment, der meine Neugierde und mein Interesse an der Arbeit mit älteren Menschen nachhaltig weckte und meine spätere Berufswahl begründete.

Einige Jahre später hatte ich mein Studium hinter mich gebracht und stieg voller Tatendrang in den Sozialen Dienst ein. Fortan sollte ich die Beschäftigungsangebote für rund 160 Bewohner verantworten. Das gelang auch recht gut, besonders schwierig blieb es aber immer mit den Männern. Obwohl ich gezielt und regelmäßig Einladungen zu Aktivitäten aussprach, war die Resonanz beim »starken« Geschlecht eher verhalten.

Die Einrichtungen, in denen ich tätig war, verzeichneten bereits damals einen relativ hohen Anteil männlicher Bewohner. Sehr viele Männer waren nach jahrelangem Alkoholmissbrauch am Korsakow-Syndrom erkrankt, was bekanntlich demenzähnliche Gedächtnisstörungen nach sich zieht. Besagte Männer zog es meist nicht zu meinen Aktivitäten, sondern eher in Richtung Ortskern, auf der Suche nach einem leckeren Tröpfchen.

Aber auch bei den geistig fitten, orientierten Bewohnern machte ich die Beobachtung: Mit den eher auf Frauen ausgerichteten Beschäftigungs- und Aktivierungsangeboten konnten die Herren der Schöpfung überhaupt nichts anfangen. Das starke Geschlecht ist in der Pflegebedürftigkeit in der Rolle des Schwächeren. Und immer dann, wenn Langeweile aufkam, kam es eben auch zu den geschilderten unerwünschten »Begleiterscheinungen« wie bei Herrn Meier. Entsprechend wichtig war es mir, eine gute männerspezifische Tagesstruktur mit passgenauen Beschäftigungsangeboten zu schaffen.

Info

- Nur wer die Eigenheiten und Besonderheiten von Männern kennt, kann den Rahmen für eine individuelle Pflege- und Betreuung und damit für ein würdevolles Altern gestalten.
- Sozialem Rückzug der männlichen Pflegebedürftigen gilt es durch interessante Aktivitäten zu begegnen – Es ist unsere Aufgabe, die Neugierde der Senioren zu wecken und Langeweile vorzubeugen.

Heute, rund 15 Jahre später, möchte ich meinen beruflichen Erfahrungsschatz mit Ihnen, Lesern dieses Buches, teilen. Bereits seit mehreren Jahren bin ich mit dem Seminar »Maloche, Fußball & Feierabendbier« landauf, landab unterwegs und genieße den Erfahrungsaustausch mit Menschen, die im Betreuungsbereich tätig sind. Die große Nachfrage nach diesen Seminaren (was die durchweg hohen Teilnehmerzahlen zeigen) und die Rückmeldungen der Menschen aus der Betreuungspraxis bestätigen immer wieder – pflegebedürftige Männer benötigen besondere Angebote.

Der Anteil männlicher Senioren in den pflegerischen Langzeiteinrichtungen nimmt ständig zu – und macht passgenaue Maßnahmen erforderlich. Oft genug ziehen sich die Männer zurück und lehnen die Teilnahme an Angeboten ab, da diese ihnen ganz und gar nicht zusagen. Gerade (aber nicht nur) in der Eingewöhnungsphase muss es unser Ziel sein, einen guten Zugang zum Bewohner zu gewinnen, um sozialer Isolation vorzubeugen.

Um angemessene Beschäftigungsmöglichkeiten anzubieten, müssen wir wissen, worin sich die Wünsche und Bedürfnisse männlicher Senioren von denen ihrer weiblichen Altersgenossinnen unterscheiden. Das anerzogene männliche Rollenbild und typische Unterschiede zwischen Mann und Frau müssen den Betreuungskräften bekannt sein. Dann gelingt es im Handumdrehen, passende Aktivitäten anzubieten, die auch die Männer aus der Reserve locken und zur Teilnahme motivieren.

Die hier vorgestellten zahlreichen, in der Praxis bewährten Aktivitäten und Ideen zur Beschäftigung von Männern, von orientierter bis zu demenziell erkrankter Zielgruppe, sollen Ihnen unmittelbar im Berufsalltag eine wertvolle Unterstützung sein!

Ich wünsche Ihnen viel Erfolg und Freude bei der zielgerichteten Beschäftigung männlicher Pflegebedürftiger.

Bernd Hoffmann

1 Den alten Mann verstehen lernen – was Sie wissen sollten, um pflegebedürftige Männer angemessen zu betreuen

1.1 Der Mann in einer »weiblichen« Umwelt – Herausforderungen in der Betreuung pflegebedürftiger Männer

Obwohl der Anteil der Männer in Pflegeeinrichtungen beständig ansteigt, sind die Frauen weiter deutlich in der Überzahl (▶ Tab. 1). Im Jahr 2017 gab es in Deutschland insgesamt 3,4 Millionen Pflegebedürftige. Rund 24 Prozent wurden vollstationär in Heimen versorgt, der Frauenanteil betrug 70,4 Prozent.

Dieses Verhältnis gilt allerdings nicht nur für die Bewohner – beim Personal sieht es nicht anders aus. Der Pflegeberuf ist überwiegend in Frauenhand, 85 Prozent der Beschäftigten[1] sind weiblich. Dieses Bild bekomme ich auch regelmäßig in meinen Seminaren gespiegelt – die Männer dürfen sich hier nicht nur ausnahmsweise, sondern in aller Regel, als »Hähne im Korb« fühlen und stellen eine klare Minderheit dar.

Da auch die Betreuungskräfte in aller Regel weiblich sind, bestehen für die pflegebedürftigen Senioren nur wenige Möglichkeiten, klassisch »männliche« Themen und Probleme mit einer Person zu besprechen, die sich in die männliche Denk- und Empfindungsweise hinein-

> Männer sind noch eine Minderheit in den Pflegeheimen

---

[1] Vgl. https://www.bundesgesundheitsministerium.de/themen/pflege/pflegekraefte/beschaeftigte.html, Zugriff am 24. 03. 2019

Tab. 1: Pflegebedürftige nach Pflegegrad und Art der Versorgung*

Pflegebedürftige zum Jahresende 2017

Pflegebedürftige nach Pflegegrad und Art der Versorgung

Pflegegrad	Insgesamt	Zu Hause versorgt	davon			
			Allein durch Angehörige	Zusammen mit/durch ambulante Pflegedienst	Vollstationär	Mit Pflegegrad 1 und teilstationärer Pflege
Pflegebedürftige Insgesamt (Anzahl)	3.414.378	2.594.862	1.764.904	829.958	818.289	1.227
Anteil weiblicher Pflegebedürftiger (%)	62,9	60,5	57,7	66,5	70,4	75,5
Anteil männlicher Pflegebedürftiger (%)	37,1	39,5	42,3	33,5	29,6	24,5
Pflegegrade						
Pflegegrad 1	46.126	37.414	–	37.414	7.485	1.227
Pflegegrad 2	1.566.689	1.392.583	996.284	396.299	174.106	–
Pflegegrad 3	1.022.450	764.705	520.134	244.571	257.745	–
Pflegegrad 4	549.375	308.763	198.975	109.788	240.612	–
Pflegegrad 5	224.176	91.397	49.511	41.886	132.779	
Bisher ohne Zuordnung	5.562	–	–	–	5.562	–

Pflegebedürftige zum Jahresende 2017						
Anteil an Pflegebedürftigen (%)	100	76,0	51,7	24,3	24,0	0,0
Jeweiliger Anteil des Pflegegrades 5 (%)	6,6	3,5	2,8	5,0	16,2	x

* Vgl. Statistisches Bundesamt (Destatis) (2018): Pflegestatistik 2017 – Pflege im Rahmen der Pflegeversicherung – Deutschlandergebnisse, S. 18 Im Internet: https://www.destatis.de/DE/ Publikationen/Thematisch/Gesundheit/Pflege/PflegeDeutschlandergebnisse.html, Zugriff am 26. 2. 2019

versetzen kann – idealerweise ein anderer Mann. (So wie ja auch Frauen bestimmte Themen vorzugsweise mit anderen Frauen besprechen).

Auf die wöchentlichen Beschäftigungsangebote wird seitens der Herren der Schöpfung häufig mit purem Rückzugsverhalten reagiert. Wer mag es den Männern auch verübeln?

> **Fazit** ▸ **Beschäftigung ja, aber männerorientiert**
>
> Angebote für Männer sollten sich an deren Lebenswelt und Vergangenheit orientieren, wenn sie Freude bereiten sollen.

Nahezu alle Pflegeeinrichtungen orientieren sich stark am Wohngruppenbzw. Hausgemeinschaftsprinzip. Die Wohnküche steht im Mittelpunkt des Lebens, die Betreuungsangebote sind im Regelfall stark hauswirtschaftlich ausgerichtet: Koch- und Backgruppen, lebenspraktische Tätigkeiten wie Wäsche oder Servietten falten oder Duftsäckchen befüllen. Alles nicht gerade traditionell männliche Betätigungsfelder...

© Jeanette Dietl – stock.adobe.com

Solche angebotenen Aktivitäten sind unattraktiv für die (meisten) Männer, da sie nicht ihren erlernten Rollenbildern, früheren Hobbys und/oder Interessen entsprechen. Zeit ihres Lebens haben sich Männer kaum für diese Art von Beschäftigungen begeistert. Deswegen fällt es Betreuungskräften oft so schwer, die männlichen Bewohner zur Teilnahme an Angeboten zu motivieren. Mangelt es an interessanten Aktivitäten, kommt es in der Folge zu Langeweile und herausforderndem Verhalten, worunter auch der häufig zu beobachtende Rückzug in die Passivität/Isolation fällt.

Natürlich hat jeder ältere, pflegebedürftige Mann auch ein Recht auf »Nicht-Betreuung«. Das Leben in einem Altenheim ist etwas gänzlich anderes als der Animations-Marathon im Ibiza-Urlaub, wo man sich der regelmäßigen Aufforderung sportiver, auffällig gut gelaunter Menschen zum täglichen Volleyballspiel am Strand nur schwerlich entziehen kann.

Pflegebedürftige Bewohner brauchen keine Animateure, sie brauchen belastbare und vertrauensvolle Beziehungen.

Den Wünschen und individuellen Vorlieben der älteren Menschen haben die Pflege- und Betreuungskräfte zu entsprechen. Diese Vorgabe findet sich auch in den Qualitätsprüfungs-Richtlinien des Medizinischen Dienstes der Krankenversicherungen: »*Es ist zu beurteilen, ob die geplante Tagesstrukturierung individuell an die Wünsche und Gewohnheiten der versorgten Person angepasst wurde. Die geplante Tagesstrukturierung sollte Wach- und Ruhezeiten, Zeiträume für Mahlzeiten und Gewohnheiten der Person in Bezug auf den Tagesablauf beinhalten.*«[2]

Grundsätzlich sind Pflege- und Betreuungskräfte jedoch stets bestrebt, eine Integration in die Gemeinschaft zu fördern, z. B. in dem sie gemeinsame, verbindende Interessen unter den Senioren betonen und so versuchen, soziale Kontakte herzustellen.

> Männer brauchen keine Animateure, sondern vertrauensvolle Beziehungen

Auch wenn Pflegeeinrichtungen, gemäß Pflegestatistik 2017, derzeit »nur« 30 Prozent männliche Bewohner verzeichnen: Das ist schon eine beträchtliche Anzahl. Auf jeden Fall zu viel, um das »starke«, im Alter aber eigentlich doch eher »schwache« Geschlecht komplett durchs Raster fallen zu lassen. Natürlich werden Frauen auch in den kommenden Jahren die deutlich größere Geschlechtergruppe im Pflegeheim stellen. Durch die längere Lebenserwartung verbringen die Damen den Lebensabend häufiger allein und haben oft niemanden mehr, der sie bei Pflegebedürftigkeit versorgen kann. Das deckt sich mit den Aussagen im 7. Altenbericht der Bundesregierung[3], wonach der Anteil der Frauen in Heimen mit 73 Prozent deutlich höher ist als ihr Anteil an den zu Hause Versorgten (61 Prozent).

Da die häufig alleinstehenden älteren Damen niemanden haben, der sie zu Hause pflegt, ist der Einzug ins Heim zwangsläufig die letzte Option. Männer hingegen werden im Regelfall zumindest vorerst in der häuslichen Umgebung von ihrer (oftmals jüngeren) Ehefrau gepflegt.

---

[2] MDS & GKV (2018): Richtlinien des GKV-Spitzenverbandes über die Durchführung der Prüfung der in Pflegeeinrichtungen erbrachten Leistungen und deren Qualität nach § 114 SGB XI für die vollstationäre Pflege vom 17. Dezember 2018, S. 126
[3] Bundesministerium für Familie, Senioren, Frauen und Jugend (2016): Siebter Altenbericht zur Lage der älteren Generation in der Bundesrepublik Deutschland. Berlin, S. 219

Tab. 2: Bevölkerung nach Altersgruppen und Geschlecht 2016*

Altersgruppe	Männer, in Mio.	Anteil der Männer an der Altersgruppe (%)	Frauen, in Mio.	Anteil der Frauen an der Altersgruppe (%)
< 10	3,79	51,4	3,58	48,6
10–20	4,08	52,0	3,77	48,0
20–30	5,18	52,1	4,76	47,9
30–40	5,23	50,9	5,05	49,1
40–50	5,59	50,5	5,49	49,8
50–60	6,63	50,2	6,47	49,8
60–70	4,76	50,2	4,92	51,7
70–80	3,63	45,4	4,37	54,6
80–90	1,8	36,4	3,14	63,6
≥ 90	0,17	23,1	0,57	76,9

* Vgl. Sozialpolitik-aktuell.de, Zugriff am 26. 2. 2019

Dennoch ist in den kommenden Jahren mit einer weiteren Zunahme männlicher Bewohner zu rechnen. Immerhin betrug der Männeranteil an der Altersgruppe der 80- bis 90jährigen Deutschen im Jahr 2016 bereits 36,4 Prozent (▶ Tab. 2) und gleicht sich damit mehr und mehr dem Frauenanteil, auch im hohen Alter, an.

Fazit　　**Der Männeranteil wächst**

Es ist also höchste Eisenbahn, sich mit den speziellen Anforderungen und Bedürfnissen männlicher Bewohner auseinanderzusetzen!

1.2 Das Rollenbild des Mannes im 20. Jahrhundert

Wenn Sie männliche Bewohner mit Aktivitäten erreichen möchten, müssen Sie zunächst das Rollenselbstbild des Mannes im 20. Jahrhundert betrachten. Auch ältere Männer fühlen sich in ihrem Selbstwert gestärkt, wenn ihre familiären Rollen, ihr Freizeitverhalten und ihre bisherigen Lebensleistungen von anderen Personen anerkannt und gewürdigt werden. Das trifft auch auf die älteren Männer zu, die betreut werden, weil sie pflegebedürftig sind. Selbst wenn sie durch eine Demenz mehr und mehr Erinnerungen an ihr Leben verlieren, bleiben die einst gelernten Rollen zumindest noch teilweise erhalten und bieten gute Anknüpfungspunkte für Ihre Aktivierungsangebote.

Alle Ihre heutigen Bewohner sind mit einer traditionellen Rollenzuschreibung aufgewachsen. Sie wurden in den 30er- oder 40-Jahren geboren, sind also noch mit einer ganz anderen Art von Erziehung aufgewachsen. Einer Erziehung, die noch stark zwischen Mädchen und Jungen unterschied. Auch heute finden sich durchaus noch Überbleibsel der einstigen geschlechtsspezifischen Sozialisation: Jungs gingen auf den Fußballplatz, Mädchen spielten mit Puppen. Und was rief der Vater einst dem Sohnemann auf dem Bolzplatz zu, wenn dieser hingefallen war und bitterlich weinte? »Steh auf und hör auf zu heulen, Du bist doch kein Mädchen!« Den Spruch hört man sogar noch heute.

> Die traditionellen Geschlechterrollen gelten auch heute noch

»Typische« männliche Rolle zur Mitte des 20. Jahrhunderts
- Oberhaupt und Ernährer der Frau und Familie
- Zuständig für Kontakte nach außen
- Stark, rational, kämpferisch, sexuell aktiv
- Männer sind »Jäger« und Versorger der Familie – das »steinzeitliche« Rollenbild erscheint hier noch als durchaus passend

»Typische« weibliche Rolle zur Mitte des 20. Jahrhunderts
- Abhängig von einem männlichen Beschützer (in der Kindheit und Jugend übernimmt diese Rolle der Vater, später der Partner/Ehemann)

- Zuständig für die sozialen Bindungen innerhalb der Partnerschaft und Familie
- Schwach, emotional, irrational, ausgleichend, sexuell passiv oder desinteressiert
- Frauen sind auf »Jäger« angewiesene »Brutversorgerinnen«

1

Die Damen unter den Lesern mögen bitte von Beschwerdebriefen an den Autor absehen. Die zugeschriebenen Eigenschaften spiegeln in keiner Weise meine persönliche Meinung wider. Sofern Sie sich einmal ein wirklich chauvinistisch anmutendes Rollenbild der Frau ansehen möchten, schauen Sie doch einmal, beispielsweise auf YouTube, alte Werbefilme aus den 50er und 60er Jahren an. Ich werde – vermutlich zu Recht – in meinen Seminaren nicht müde zu behaupten, dass Man(n) für derartige Aussagen heutzutage geteert und gefedert von der Damenwelt durch das Dorf gejagt würde.

Tab. 3: Typisch »männliche« Eigenschaften

Klassisches Rollenselbstbild des Mannes	
• hart sein	• Oberhaupt der Familie
• kein Risiko scheuen	• Beruf im Mittelpunkt des Lebens
• der Geldverwalter der Familie sein	• seelisch stark und belastbar
• eher wortkarg	• niemals Angst zeigen und haben
• körperlich stark	• immer Souveränität ausstrahlen
• niemals schwach	• nicht den Gefühlen folgen, sondern immer
• recht emotionslos	• dem Verstand folgen/rational handeln
• draufgängerisch sein	

Laut statistischem Bundesamt waren 2016 über 80 Prozent der Pflegeheimbewohner 65 Jahre und älter, 85 Jahre und älter waren 37 Prozent. Das heißt im Umkehrschluss: Die meisten der Pflegeheimbewohner sind in den 40- und 50er Jahren aufgewachsen. Eine Zeit, in der männlich-weibliche Rollenbilder noch sehr traditionell geprägt waren.[4]

---

[4] Vgl. Statistisches Bundesamt (2017): Pflegestatistik 2015. Pflege im Rahmen der Pflegeversicherung. Deutschlandergebnisse. Wiesbaden, S. 7

1.3 Der Beruf stiftete Identität und Sozialkontakte

Die Aufgaben der Frauen, die heute als ältere pflegebedürftige Bewohnerinnen in Pflegeheimen zuhause sind, waren in ihrem früheren Leben klassisch eher sozial ausgerichtet – Fürsorge, Pflege und Erziehung gehörten zu den wesentlichen Bestandteilen ihrer übernommenen Rolle. Ihre männlichen Altersgenossen hingegen setzten sich vorrangig mit sachlichen Dingen auseinander. Dem Beruf und dem beruflichen Umfeld maßen sie ihr Leben lang eine besonders starke Bedeutung zu. Sie waren zeitlebens leistungs- und karriereorientiert. Berufe und die zu bewältigenden Aufgaben gaben ihnen Identität. Daraus erwuchs Stolz. Oft wurde durch das Berufsleben auch das soziale Umfeld maßgeblich bestimmt – entsprechend viel brach dann aber leider auch weg, als es in den Ruhestand ging: Kollegen waren nicht zwangsläufig Freunde.

Es ist vergleichbar mit der Erfahrung, die wir wohl alle in der Schulzeit gesammelt haben. Nach der Freude über das Schulende und tränenreichen Verabschiedungen am letzten Schultag vereinbarten wir, dass wir alle miteinander in Kontakt bleiben würden. Ein Leben ohne den täglichen Austausch mit den Klassenkameraden? Das konnte sich wohl niemand von uns seinerzeit vorstellen.

Aber… Hand aufs Herz, mit wie vielen ehemaligen Klassenkameraden haben Sie tatsächlich heute noch regelmäßig Kontakt? Mal abgesehen vom jährlichen Geburtstagsgruß über Facebook (selbst das klappt meist nur, wenn wir über die Erinnerungsfunktionen der sozialen Medien dazu aufgefordert werden), werden die Interaktionen während all der Jahre wohl überschaubar geworden sein.

> Ältere Männer verlieren oft ihre sozialen Kontakte

Mit den Kollegen unserer männlichen Pflegeheimbewohner verhält es sich häufig nicht anders – während die Frauen zeitlebens auch außerberufliche Beziehungen hegten und pflegten, verarmen die sozialen Kontakte des älteren, pflegebedürftigen Mannes sehr häufig beim Eintritt in den Ruhestand.

1.4 Rente oder rENDE?

Mit der Berentung, dem »zu-Hause-bleiben-müssen«, droht dem Mann häufig die pure Funktionslosigkeit. Schließlich hat er den Haushalt zumeist »kampflos« jahrzehntelang seiner Ehegattin überlassen. Zog es den Mann tagtäglich nach draußen, so war der Lebensmittelpunkt der Frauen im Regelfall die Wohnstätte. Die Wohnung wurde von der Frau dekoriert, die Haushaltsführung häufig von ihr allein bewerkstelligt, während der Gatte das Geld verdiente und sich um die finanziellen Aspekte des Lebens kümmerte. Nicht selten hört man Frauen angesichts des nahenden Ruhestands der Männer stöhnen: »Oje, bald hab ich den rund um die Uhr zu Hause! Das kann ja lustig werden...« Es ist kein Zufall, dass die Anzahl der im Seniorenalter geschiedenen Ehen beständig zunimmt, lernt man sich doch nach all den getrennt verbrachten Jahren noch einmal ganz neu kennen – und manchmal führt das zu der überraschenden Erkenntnis: »Wir haben eigentlich nichts (mehr) gemeinsam.«

Dabei könnte es doch so schön sein: Das »3. Lebensalter« (▶ Tab. 4) ist für viele Menschen eine ganz neue Lebensphase. Die Menschen in den westlichen Industrienationen werden heute deutlich älter und sind auch biologisch fitter. Ein heute 70-Jähriger ist meist noch so fit wie ein 65-jähriger Mann Ende der 80er Jahre. Frühere Gene-

> Das 3. Lebensalter ist heute oft eine ganz neue Lebensphase

rationen haben sich im Alter, wenn man die Arbeit nicht mehr verrichten konnte, aufs Sterbebett gelegt und auf den Tod gewartet – dessen Ankunft meist nicht lange auf sich warten ließ. Es gab schlicht keinen Zeitraum nach dem Arbeitsleben, den es aktiv zu gestalten galt. Heute hingegen stehen den 65-Jährigen meist noch einige Jahrzehnte bei relativ guter Gesundheit bevor. Eigentlich doch eine prima Sache! Endlich Zeit, das zu tun, was wegen des Berufs immer zu kurz kam! Das Problem ist nur häufig: Außer dem Beruf

haben sich die Männer mit kaum etwas anderem beschäftigt. Hobbys? Wann denn, für so etwas war keine Zeit da! Die Firma, der Betrieb – das war der Mittelpunkt des Lebens. Viele Herren der Schöpfung sind also gefordert, ein Altersprojekt zu entwickeln.

Sofern Man(n) weitblickend noch während des Berufslebens die Weichen für die Zeit danach stellt, kann die dritte Lebensphase durchaus angenehm und bereichernd werden.

Info
Normalerweise unterscheidet man, z. B. in der Psychologie, lediglich drei Lebensphasen:
1. Kindheit und Jugend
2. Erwerbstätigkeit/Familienphase
3. Ruhestand

1

> »Es erscheint jedoch sinnvoll, die Lebensphase Alter weiter zu unter-
> teilen. Zum einen aufgrund der Tatsache, dass die Lebenserwartung ...
> kontinuierlich angestiegen ist. ... Zum anderen können innerhalb der lan-
> gen Lebensphase des Alters häufig zwei quali. unterschiedliche Phasen
> differenziert werden, eine Zeit der eher guten Gesundheit ... sowie eine
> zweite Phase, in der gesundheitliche Beeinträchtigungen sowie Hilfe-
> und Pflegebedarf deutlich verbreiteter sind.
>
> In der Gerontologie wird deshalb zw. einem
> * dritten Lebensalter (oder junges Alter) und einem
> * vierten Lebensalter (hohes Alter, Hochaltrigkeit)
> unterschieden.«[*]
>
> [*]   portal hogrefe.com Lebensalter, drittes und viertes

Falls jemand allerdings durch eine Erkrankung vorzeitig erwerbsunfähig wird oder wenn ein aus betrieblichen Gründen veranlasster Stellenabbau vorzeitig das unfreiwillige »Aus« im Berufsleben markiert, sieht es düster aus. Die neu gewonnene Freiheit und Freizeit kann dann schnell zum schwarzen Loch werden.

Da auch die Sozialkontakte meist auf der Strecke (bzw. in der Firma) bleiben, trifft es viele Männer besonders hart, wenn die Partnerin vor ihnen verstirbt. Mal ganz abgesehen davon, dass die Ehegatten mit der Haushaltsführung (die ja auch nie in ihren Zuständigkeitsbereich fiel) meist hoffnungslos überfordert sind. Die Frau ist mitunter die einzige Person, bei der man sich fallen lassen kann, wo man (ganz unmännlich) zu seinen Gefühlen stehen und diese zeigen kann. Zudem ist sie teilweise der einzige verbleibende Sozialkontakt des Mannes. »Ehe schützt Männer vor Suizid« – das ist statistisch nachgewiesen.[5]

---

[5]   Jimenez F (2015): Warum die Suizidrate bei Männern höher ist.
Im Internet: https://www.welt.de/gesundheit/psychologie/article140153773/
Warum-die-Suizidrate-bei-Maennern-hoeher-ist.html, Zugriff am 11.03.2019

Tab. 4: Lebensphasen des Alters und deren Auswirkungen auf die Männer

3. Lebensalter (Rentner)	4. Lebensalter (Hochaltrigkeit (80 Jahre+)
• Nach dem Erwerbsleben • Neue Lebensphase • Überschuss an Kompetenzen und Ressourcen können zur Pflege von Interessen und Aufrechterhaltung von Beziehungen verwendet werden • Phase der Entfaltung, Selbstverwirklichung	• Nachlassen von Kräften, Ressourcen und Kompetenzen • Ressourcen werden zur Bewältigung des Alltags genutzt • Körperliche, geistige Einschränkungen über Pflegebedürftigkeit bis zur völligen Abhängigkeit • Defizitäres Selbstbild • Bedürfnisse und Wünsche sind ebenso vorhanden wie Ressourcen • Ausrichtung an Freude, Sinnstiftendem immens wichtig
Probleme	**Probleme**
• Wenn der Beruf wegbricht, gehen die Sozialkontakte ebenfalls häufig verloren- • Zu Hause droht den Männern »Funktionslosigkeit«- • Beschäftigungen waren früher eher auf den Beruf ausgerichtet, sinnvolle Hobbys oder ein »Altersprojekt« müssen entwickelt werden.	• Souveränität geht verloren. • Der Versorger wird zum Versorgten. • Gefühl des Ausgeliefertseins. • Oftmals keine (aus Sicht des Mannes) sinnvollen Beschäftigungsangebote, daher Rückzugsverhalten.

1.5 Verlust der Souveränität – wenn die Kräfte nachlassen

Noch gravierender sind die Probleme, mit denen sich das einstmals starke Geschlecht im vierten Lebensalter auseinandersetzen muss. Zunehmend geht die Souveränität über das eigene Leben verloren. Von den Attributen, aus denen Man(n) Selbstbewusstsein zog, ist kaum noch etwas übrig. *»Der alte pflegebedürftige Mann fällt gewissermaßen zurück in eine weibliche Welt, in der er wie ein Kleinkind versorgt wird. So war er einmal gewesen, doch so wollte er als Mann nie wieder werden.«*[6]

---

[6] Heusinger J, Kammerer K (2013): Literaturstudie Pflege und Gender. Abschlussbericht zum ZQP Projekt. Berlin, S. 11

1

Einfügen in Abhängigkeitsverhältnisse? Sich unterordnen? Alles andere als leicht. Man(n) hat doch immer die Abläufe bestimmt, hatte klar das Sagen. Man(n) möchte sich doch keine Blöße geben. Vor den anderen die Schwächen zeigen? So weit kommt das noch! Dann ziehen die Pflegebedürftigen sich eher zurück in die soziale Isolation – und ignorieren alle Bemühungen, sie in die Gemeinschaft zu integrieren.

Viele Männer halten an ihrem erlernten Rollenbild auch als Pflegebedürftige fest und vermeiden daher in der Regel alles, was ihr Rollenbild nach außen schwächen könnte.

> Männer zeigen sich ungern schwach

Zwar besagt die allgemeine fachliche Einschätzung, dass bei fortschreitender Pflegebedürftigkeit die geschlechtsspezifischen Unterschiede mehr und mehr in den Hintergrund rücken und dass es Frauen oft genauso schwerfällt, sich in die Welt eines Pflegeheims so integrieren.[7] Es gibt immer wieder Männer (und Frauen), die sich relativ gut zurechtfinden. So gibt es durchaus Männer, die nicht am klassischen Rollenbild festklammern, sondern Wäsche zusammenfalten oder sich an hauswirtschaftlichen Tätigkeiten beteiligen. Verallgemeinerungen sind daher stets problematisch. Es gibt schließlich auch Frauen, die gerne an Autos »herumschrauben«, genauso wie es Männer gibt, die kein Bier trinken und keinen Hammer halten können. Grundsätzlich ist die Macht der erlernten Rollen jedoch groß.

---

[7] Vgl. Ebd., S. 14

Beispiel ▶ **Nachlassende Fähigkeiten nicht noch betonen**

Herr Schmidt hat früher in der Bahnmeisterei gearbeitet. Er ist seinem Beruf stets mit großer Liebe und Sorgfalt nachgegangen. Technisch aufwändige Reparaturen waren für ihn an der Tagesordnung. Als die Betreuungskraft ihn auffordert, bei der Montage einer Holzeisenbahn mitzuwirken, lehnt er allerdings vehement ab und zieht sich auf sein Zimmer zurück. Was könnten die Beweggründe für die ablehnende Haltung von Herrn Schmidt sein? Sie lagen sozusagen auf der Hand: Herr Schmidt leidet an Morbus Parkinson, seine Hände zittern. Auch wenn er grundsätzlich noch Lust an der Montagearbeit gehabt hätte – den anderen Personen im Gruppenraum zeigen, dass er den Schraubendreher nicht mehr sicher handhaben kann? Das war für Herrn Schmidt undenkbar.

Viele Männer haben verinnerlicht, dass sie keine Schwächen zeigen dürfen (»starkes Geschlecht«). Entsprechend schwer fällt es ihnen, im Alter Hilfen anzunehmen. Auch vertraute Tätigkeiten, die sie nicht mehr mit der früheren Präzision ausführen können, werden vermieden, um sich keine Blöße durch Scheitern zu geben. Eine Ablehnung von Aktivitäten kann also auch einfach der Versuch des männlichen Bewohners sein, sich seine Männlichkeit zu bewahren. Aus jenem Grund bevorzugte es auch Herr Schmidt, sich schweigend auf sein Zimmer zurückzuziehen.

1.6 Keine Vorbilder, keine Orientierung – »Mann sein = anders sein«?

Wir halten fest: Da sich der ältere Mann, der Ihnen heute im Pflegeheim begegnet, zeitlebens fast ausschließlich über berufliche Erfolge und Leistung definierte, für »Unsinniges« keine Zeit war, muss er auch – sogar besonders – im Alter immer wieder um das »Mannsein« ringen. Dazu braucht man(n) Gelegenheiten und ein anerkennendes Umfeld. Einfach ausgedrückt: Die männlichen Pflegebedürftigen müssen sich auch im Alter noch männlich fühlen können. Und das passt so gar nicht zusammen mit Aktivitäten wie Wolle wickeln oder dem Mandalas ausmalen.

1

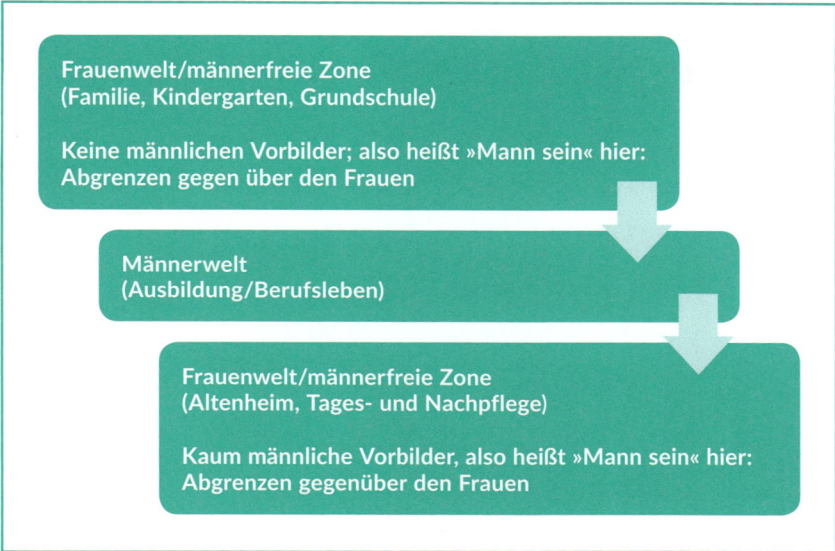

Abb. 1: Männerwelten – Frauenwelten.

Männer tun sich in einem von Frauen dominierten Umfeld mitunter sehr schwer. In der Kindheit verbrachten sie noch relativ häufig Zeit mit Frauen, in erster Linie natürlich mit der Mutter.

Wenn der Vater von der Arbeit nach Hause kam, waren die Jungs meist schon im Bett – somit konnte man sich kein Vorbild am männlichen Verhalten des Familienoberhaupts nehmen. Auch in Kindergarten und Schule gab es kaum männliche Identifikationsfiguren, an denen man sich orientieren konnte. Erzieherinnen? Weiblich. Lehrerinnen in der Grundschule? Zum Großteil ebenso. »Männlich« sein wurde somit aus der Not heraus als »anders als eine Frau zu sein« interpretiert. Wenn die Mädchen Hüpfspiele übten war klar: Das ist nichts für die Jungs!

> Männer tun sich in einem von Frauen dominierten Umfeld manchmal schwer

Mit dem Einstieg in die Ausbildung und das Berufsleben änderten sich die Vorzeichen komplett. Die Berufslaufbahn, die den Großteil des Lebens fortan maßgeblich bestimmte, war meist eine reine Männerdomäne.

© Halina Yakushevich – Fotolia.com

1

Im Ruhestand kehrt der alternde Mann zurück in ein von weiblicher Hand gestaltetes Umfeld. Und im hohen Alter, bedingt durch Pflegebedürftigkeit, gelangt der Senior in einer Pflegeeinrichtung wieder in eine Umgebung, in der Frauen das Geschehen sogar komplett bestimmen. Da es hier wenige Männer gibt, an denen man sich bezüglich des »angemessenen« (männlichen) Verhaltens orientieren könnte, greifen erneut die vom Jungen bereits in der Kindheit erlernten Muster: Oftmals grenzen sich die Senioren wieder bewusst gegenüber weiblichen Verhaltensweisen ab, um »anders« zu sein und das klassische Rollenbild (und damit das eigene »Mannsein«) aufrecht zu erhalten. Denn auch im Pflegeheim gilt: »Männlich verhalte ich mich dann, wenn ich es anders mache als die ganzen Frauen hier.« Aktivitäten, an denen diese teilnehmen, gelten vielen Senioren als eher »unmännlich« und werden gemieden.[8]

Wohlgemerkt – es ist völlig klar, dass Ausnahmen hier die Regel bestätigen. Natürlich gibt es Männer, die sehr wohl die Gemeinschaft von Frauen suchen und auch an Aktivitäten teilnehmen wie Koch- und Backgruppen, die man als »eher unmännlich« bezeichnen würde.

Wer es ein Leben lang genossen hat, mit Frauen in Kontakt zu treten, der will das auch im Alter nicht missen. Der Hahn im Korb zu sein, als einziger Mann unter lauter reizenden älteren Damen – das genießen manche älteren Herren sichtlich.

Die vorangegangenen Ausführungen sollten Ihnen verdeutlichen, warum viele Männer sich so stark in die (selbst gewählte) Isolation zurückziehen. Es kann durchaus sein, dass die Herren der Schöpfung selbst manchmal gar nicht so genau wissen, warum sie auf nichts mehr so richtig Lust haben.

---

[8]   Vgl. Sawicki P (2016): Was alte Männer wollen. Im Internet: https://www.deutschlandfunkkultur.de/
      sozialangebote-fuer-maenner-in-pflegeheimen-was-alte.976.de.html?dram:article_id=354956,
      Zugriff am 26. 2. 2019Watzke M (2016): »A bisserl Charme und Bauchpinselei«.
      Im Internet: https://www.deutschlandfunkkultur.de/wie-motiviert-man-maenner-im-altenheim-
      a-bisserl-charme-und.976.de.html?dram:article_id=354948, Zugriff am 26. 2. 2019
      Lehmann A (2015): Männer in Pflegeheimen sind oft Einzelgänger.
      Im Internet: https://www.waz.de/staedte/muelheim/maenner-in-pflegeheimen-sind-oft-
      einzelgaenger-id10796043.html, Zugriff am 26. 2. 2019

Einzelgespräche können hier sehr gut genutzt werden, um Versagensängste behutsam abzubauen und zu verdeutlichen, dass man sich auch ohne »aktives Tun« an den Aktivitäten beteiligen kann.

Eine Studie besagt, dass es v.a. drei Hauptthemen gibt, die für Männer im Pflegeheim von Bedeutung sind:
1. Ihre beruflichen Erfahrungen
2. Ihre Ehefrau
3. Die Interaktion mit anderen Heimbewohnerinnen und Heimbewohnern.[*]

[*]   Vgl. Moss SZ, Moss MS (2006): Being a man in long term care. Journal of aging studies, 21, S. 46

1.7   Bedeutung der Biografie und Sozialisation

Alle Menschen werden durch ihre persönliche Lebensgeschichte, also ihre Biografie, von gesellschaftlichen, politischen, kulturellen und technischen Entwicklungen geprägt.

> Jede Generation hat eine eigene, prägende Zeitgeschichte

Welche biografischen Besonderheiten gilt es also bezüglich der alt gewordenen Männer zu beachten? Jede Generation hat eine eigene, verbindende Zeitgeschichte. So werden wir uns alle in vielen, vielen Jahren sicherlich noch an die Momente erinnern, als die Flugzeuge am 11. September 2001 in die Zwillingstürme des World Trade Centers krachten. Diese Frage stelle ich gerne in meinen Seminaren, um den Teilnehmern verbindende Elemente unserer Zeitgeschichte zu verdeutlichen – die Ergebnisse sind dabei immer gleich: Bis auf ganz wenige Ausnahmen können die Anwesenden im Regelfall noch detailliert erinnern, was sie in diesem Augenblick gemacht haben und wo sie gerade waren.

© York – Fotolia.com

Auch der Fall der Berliner Mauer gehört zu einem Ereignis, an das sich viele von uns (auch die »Generation X«, d. h. die zwischen 1965 bis 1975 Geborenen) zeitlebens erinnern werden.

Der technologische Fortschritt, die Entwicklung des Internets, die Öffnung der Landesgrenzen im Zuge der Europäisierung – all das gehört zu unserem Leben und hat uns geprägt. Gerade im Alter, wenn wir selbst an einer gerontopsychiatrischen Erkrankung wie der Demenz erkranken sollten (ich klopfe für uns alle vorsorglich dreimal auf Holz, während ich dies schreibe), gewinnt die Biografie an Bedeutung. Um die Bedürfnisse der alten Menschen von heute zu befriedigen, benötigen wir zwingend Kenntnisse ihrer Zeitgeschichte.

Unser Verhalten ist das Ergebnis unserer Erziehung, unserer Sozialisation, dem uns durch unsere Eltern vermittelten Wert- und Normgefüge. Auch diese variieren im Wandel der Zeit – wo früher noch der Rohrstock auf die Schüler wartete, ist es heute der kommunikativ geschulte Schulsozialarbeiter.

Natürlich ist das persönliche Erleben unserer Lebensgeschichte gänzlich unterschiedlich und daher auch nur ein Aspekt, der uns Menschen so werden lässt, wie wir sind (ansonsten müssten sich ja alle Menschen einer Generation gleich verhalten).

> **Fazit** **Biografisches Wissen ist wichtig**
>
> Je mehr Sie über die Historie, die frühere Lebenswelt der von Ihnen betreuten alten Menschen wissen, desto besser können Sie die Betreuungsinhalte auf sie abstimmen. Kenntnisse der Zeitgeschichte sind eine klare Grundvoraussetzung für alle, die für und mit alten Menschen arbeiten.

Und so geht's:

- Erstellen Sie einen Zeitstrahl.
- Den Startpunkt markiert das Geburtsjahr Ihrer ältesten Bewohner. Tragen Sie nun alle relevanten historischen Entwicklungen in den Strahl ein bis in die Gegenwart.
- Sie können aus der Aufgabe auch eine tolle Aktivität konzipieren – warum alles im Internet zusammensuchen, wenn die Zeitzeugen an Ihrem Tisch sitzen? Sie werden viel über die individuellen Biografien der alten Menschen lernen – und deren persönliche Sichtweise auf die individuell erlebte Geschichte. Zudem können Sie, sofern Sie die Inhalte von den Senioren in der Gruppe zusammentragen lassen, sicher sein, dass auch wirklich nur relevante geschichtliche Meilensteine aufgenommen werden und Sie sich nicht in unbedeutenden Details verlieren.
- Alle Mitarbeiter sollten sich mit dem Zeitstrahl auseinandersetzen und bestehende Wissenslücken schließen.
- Einen Zeitstrahl können Sie in Microsoft Office® ganz einfach über die Funktion »SmartArt« einfügen – eine Vielzahl an Layoutvorlagen macht die Gestaltung leicht und optisch ansprechend dazu (für spätere Aushänge etc.)

1939	• 2. Weltkrieg (1939–1945)
1949	• Trennung BRD und DDR
1951	• Gründung Montanunion
1954	• Wunder von Bern
1955	• Beginn Vietnamkrieg
1969	• Mondlandung (21.07.)
1972	• Terror bei Olympiade in München
1977	• Schleyer-Entführung durch RAF
1988	• Geiseldrama von Gladbeck
1989	• Öffnung der Berliner Mauer (09.11.)
1990	• Wiedervereinigung (03.10.)
1991	• Auflösung der Sowjetunion
2001	• Terroranschlag auf das World Trade Center (11.09.)
2002	• Einführung des Euro (Währungsreform)
2003	• Irakkrieg
2014	• Deutschland wird Fußballweltmeister

Abb. 2: Zeitstrahl.

1.8 Biografische Eckpunkte zum Verständnis der Männer

Da Biografie und Sozialisation, wie im vorherigen Kapitel geschildert, prägend sind und die Verhaltensweisen im Alter (mit)bestimmen, sollten Sie sich exemplarisch typische biografische Eckdaten der im Pflegeheim lebenden Männer ansehen.

Hierzu müssen Sie sich zunächst die Altersstruktur vor Augen halten. Das männliche Durchschnittsalter in der von mir geleiteten Pflegeeinrichtung betrug im vergangenen Jahr 80,9 Jahre. Dies deckt sich großenteils mit den Angaben im 7. Altenbericht der Bundesregierung[9], wonach die Hälfte der Bewohner ein Durchschnittsalter von 85 Jahren und mehr aufweist. Wenn wir hier die um einige Jahre höhere Lebenserwartung der Frauen und die Verteilungshäufigkeiten der Geschlechter in den Vergleich einbeziehen, erscheint das Durchschnittsalter für die Männer angemessen und repräsentativ.

Statistisch gesehen heißt dies, dass die in stationärer Langzeitpflege untergebrachten Männer in aller Regel rund um das Jahr 1939 geboren wurden.

- Wie Sie dem Muster-Zeitstrahl auf der vorherigen Seite entnehmen können, wurden Ihre Bewohner also »in den Krieg hinein« geboren. Der Zweite Weltkrieg (1939–1945) und die Nachkriegszeit mit allen Beschwerlichkeiten und Entbehrungen waren für viele ältere Männer ein prägendes Ereignis.
- Kriegs- und Hungerjahre bestimmten die Kindheit.
- Die Jugend war geprägt vom Nationalsozialismus und später vom Wiederaufbau des stark zerstörten Landes.
- Das Erleben und die Erinnerungen sind aber natürlich nicht auf den Krieg beschränkt. Die Männer erlebten auch das Wirtschaftswunder, den (an damaligen Maßstäben gemessen) rasanten technischen Fortschritt, die erste Ölkrise. Auch mit dem Thema Terrorismus setzte man sich bereits vor Jahrzehnten auseinander. Die Olympischen Sommerspiele 1972 in München, die Schleyer-Entführung durch die RAF, später dann das Gei-

---

[9] Vgl. Bundesministerium für Familie, Senioren, Frauen und Jugend 2016

seldrama in Gladbeck: Es sind viele Erlebnisse, die in den Gedächtnissen der Generation für immer eingebrannt sind.

- Besondere Beachtung sollten Sie auf die Männer legen, die 90 Jahre und älter sind: Hier wird das Kriegserleben nochmals auf eine andere Stufe gestellt. Bis Ende der 1920er Jahre geborene Männer haben in aller Regel im Zweiten Weltkrieg als Soldaten oder Flakhelfer gedient. Es wurden sehr unterschiedliche Erfahrungen gesammelt, die von Heldengeschichten bis zu schockierenden Erlebnissen wie Kriegsgefangenschaften reichen.

- Apropos Kriegsgefangenschaft: Heutzutage sind Themen wie »posttraumatische Belastungsstörungen« in aller Munde. Soldaten, die in den letzten Jahrzehnten mit Kriegshandlungen konfrontiert wurden (beispielhaft seien hier die Golfkriege, Afghanistaneinsätze oder der Irak-Krieg zu nennen) können nach Rückkehr in ihre Heimat mit einer umfassenden medizinischen und therapeutischen Betreuung rechnen. Professionelle Hilfe zur Bewältigung dieser Kriegserlebnisse gab es für die Rückkehrer aus dem Zweiten Weltkrieg seinerzeit hingegen noch nicht. Jeder musste mit den Erlebnissen selbst zurechtkommen und diese eigenständig verarbeiten. Die letzten russischen Kriegsgefangenen trafen erst im Januar 1956 wieder in Deutschland ein. Hier wurden sie keineswegs als Helden gefeiert, sondern waren oft verwirrte Fremde in einer vollkommen neuen Welt, die schon gelernt hatte, ohne sie auszukommen.

- Es war meist verpönt, das Thema »Krieg« überhaupt anzuschneiden. Zu stark waren die Schmerzen, die Verluste, die seelischen Narben. Im Übrigen galt dies nicht nur für die Männer: Auch Frauen wurden in der Heimat Opfer zahlreicher Kriegsverbrechen, mussten mitunter Vergewaltigungen über sich ergehen lassen und zogen es vor, diese schrecklichen Geheimnisse (vielfach auf der Flucht erlitten) mit niemandem zu teilen – auch (oder vor allen Dingen nicht) mit dem von der Front zurückkehrenden Ehegatten.

- Seitens der Männer waren Kameradschaft und Zusammenhalt oft die einzigen Inhalte, wenn über Kriegserfahrungen berichtet wurde. Die Kameraden waren für die Männer mitunter wichtiger als die eigene Gemahlin zu Hause. Schließlich waren es die Kameraden, auf die man sich verlassen musste, um am nächsten Tag noch das Sonnenlicht erblicken und den Krieg überleben zu können.

Info
Die einstige Bedeutung der Kameradschaft wird auch deutlich, wenn man sieht, wie viele Männer sich im weiteren Lebensverlauf in Vereinen engagiert haben. Egal ob Kegel-, Schach- oder Fußballverein: Auch hier trifft man wieder viele »Mitstreiter in einer Sache«. Man könnte also durchaus sagen, dass das Vereinswesen die Fortführung des Kameradschaftsgedankens in der Gegenwart ist.

Das folgende Beispiel soll verdeutlichen, warum z. B. im Rahmen einer Demenz der Kenntnis biografisch relevanter Eckpunkte eine entscheidende Bedeutung zukommt.

Beispiel   **Wenn Traumata reaktiviert werden...**

Herr Hubendübel, geb. am 13. 02. 1925, lebt seit einigen Monaten im Pflegeheim St. Monika. Die Betreuungskräfte haben ihn ermutigt, an der großen Karnevalsfeier teilzunehmen. Eigentlich ist er lieber für sich und zieht sich regelmäßig auf sein Zimmer zurück, aber in den 70er Jahren haben er und seine Ehefrau regelmäßig an Karnevalssitzungen teilgenommen. Also lässt er sich überzeugen, es einfach einmal zu versuchen. Die Laune ist auch anfangs prächtig, Herr Hubendübel zeigt sehr zufriedene Gestik und Mimik. Bis auf einmal Knallbonbons mit einem lauten Knall zerplatzen. Herr Hubendübel erstarrt, schreit laut auf und verkriecht sich unter dem Tisch. Er ist derart aufgebracht, dass es nur mit Mühen gelingt, ihn zu beruhigen und in den Wohnbereich zurück zu begleiten.

Offenkundig ist Herr Hubendübel durch das Knallbonbon retraumatisiert worden. Durch die oftmals mit einer Demenzerkrankung einhergehenden Orientierungsstörungen in Verbindung mit den verdrängten und belastenden Emotionen gelangte er in eine Ausnahmesituation, der er nicht gewachsen war.

Wenn die Mitarbeiter aufgrund des Alters von Herrn Hubendübel im Vorfeld Rückschlüsse auf potenzielle biografische Erlebnisse (= aktiver Kriegsdienst) gezogen hätten, wäre ihnen womöglich klar geworden, dass sie auf die Knallbonbons besser hätten verzichten sollten.

1.9 Risiken der Biografiearbeit

Die Biografieorientierung in der Altenpflege ist immens wichtig. Gerade die Kenntnis persönlicher Rituale und Gewohnheiten der alten Menschen helfen Ihnen in der Betreuung, das Umfeld möglichst passgenau auf Ihre Bewohner auszurichten.

Sie müssen sich allerdings auch stets vor Augen führen, dass mit dem Biografiebezug, gerade bei Informationen, die Sie nicht über den alten Mann selbst, sondern durch seine Angehörigen oder sonstige Dritte erhalten, auch Risiken verbunden sind:

Immer wichtig: die Kenntnis der persönlichen Rituale und Gewohnheiten

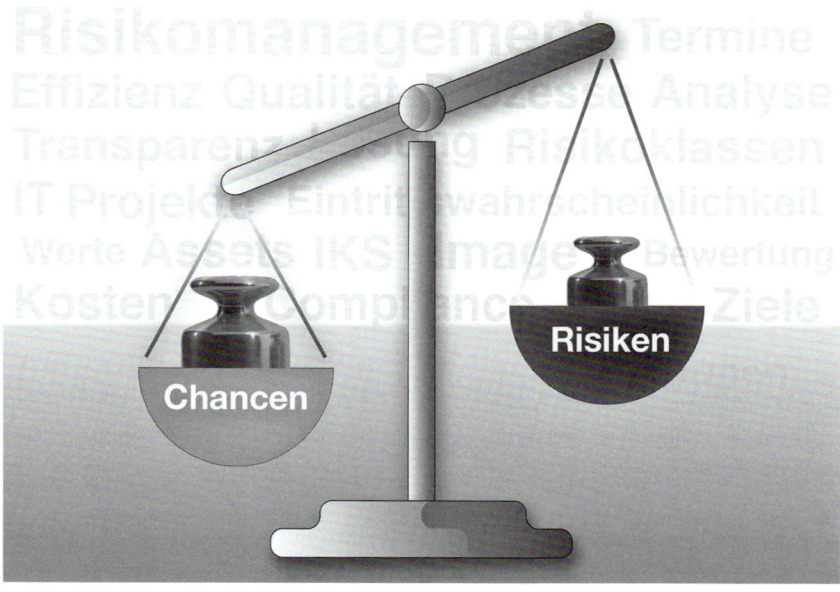

- Eine Biografie endet nie. Menschen verändern sich bis in das hohe Alter, z. B. durch Schicksalsschläge wie Partnerverluste oder den unausweichlichen Einzug in ein Pflegeheim, da man krankheitsbedingt nicht mehr allein leben kann.
- Auch Erkrankungen (z. B. Wesensveränderungen im Rahmen einer Frontotemporalen Demenz, kurz: FTD) können eine deutliche Veränderung des Charakters sowie der bisherigen Gewohnheiten nach sich ziehen. Auch wer früher gern mit der Familie gesungen hat, muss diese Vorliebe nicht ein Leben lang hegen. Menschen ändern sich.
- Ist das, was Ihnen über das Leben des alten Menschen erzählt wird, auch tatsächlich so, wie er es in seiner Eigenwahrnehmung erlebt und erinnert hat?
- Gibt es nicht vielleicht auch »sozial erwünschte Antworten«, die sowohl die pflegebedürftigen Männer selbst als auch deren Angehörige geben, um nach außen den Anschein einer intakten Familie zu wahren?
- Es gibt Ereignisse, die biografisch prägend sind, von denen Sie aber vielleicht niemals erfahren – da auch in der Familie darüber geschwiegen wurde.
- Sie müssen sich auch im Klaren darüber sein, dass es (wie im Beispiel bei Herrn Hubendübel durch das Knallbonbon) bei der Auseinandersetzung mit der Biografie der Senioren zu Retraumatisierungen kommen kann. Innere Wunden können hierdurch wieder aufgerissen werden. In einem solchen Fall müssen Sie den Pflegebedürftigen behutsam auffangen.

Ganz wesentliche Bedeutung kommt auch einem Hinterfragen der **Berufswahl** zu:
- Hat der ausgeübte Beruf dem Mann Freude bereitet?
- Was war seine Intention bei der Berufswahl? Ist er seinen Interessen gefolgt oder waren es primär finanzielle Anreize, denen er nachging?
- Hatte er überhaupt eine Wahl? Vielleicht haben auch die Eltern den Ausbildungs- und Berufsweg klar vorgegeben. Eventuell war schon bei Geburt klar, dass der Sohn den Familienbetrieb in die nächste Generation führen muss.

Dies müssen Sie sehr sensibel bei der Konzeption Ihrer Aktivierungsbemühungen im Blick behalten.

Info

Wer sein Leben lang als Automechaniker gearbeitet hat und den Beruf hasste, diesen nur ergriff, da die Eltern es einforderten – wird sicherlich nicht begeistert sein, wenn Sie ihm einen alten Mofa-Motor im Kreativraum bereitlegen, an dem er sein handwerkliches Geschick beweisen darf.

1.10 Die Sache mit der Sozialisation

Das Rollenselbstbild der heutigen älteren pflegebedürftigen Männer wurde durch die Sozialisation und die gesellschaftlichen Werte und Normen in den 30er und 40er Jahren nach der »klassischen Rollenlehre« gefördert. Aus den folgenden Beispielen wird deutlich, warum sich viele pflegebedürftige Senioren in einer Pflegeeinrichtung so verhalten, wie sie es tun.

1. Der Mann als Oberhaupt der Familie

- Bis in die 60er Jahre wurde den Arbeitern der Lohn meist in bar ausgezahlt (Lohntüten). Der Mann hatte die Hoheit über das Familieneinkommen (und oft wartete die Frau am Fabriktor, um zu verhindern, dass der Großteil des Lohnes auf den Kopf gehauen wurde).
- Der Mann war der Beschützer und Ernährer der Familie.

Auswirkungen/Verhalten in der Gegenwart

Auch der (demenzkranke) pflegebedürftige Mann muss Geld in der Tasche haben. Selbst wenn es nur einige wenige Münzen sind. Man kann einem älteren Pflegebedürftigen nicht sein Geld komplett entziehen.

2. Die Entscheidungsgewalt lag beim Mann

- Frauen erhielten ein Haushaltsgeld – bis 1957 durften sie übrigens nur mit Zustimmung des Mannes ein Konto eröffnen. Der Mann hatte somit auch die Entscheidungsgewalt über Anschaffungen in der Familie.

© Stockfotos-MG – Fotolia.com

- Alle nach außen gerichteten Entscheidungen einer Familie wurden durch den Vater begründet.
- 1958 wurde das »Hausfrauen-Gesetz« (eigentlich »Gleichberechtigungsgesetz«) verabschiedet. Es besagte im Grunde, dass eine Frau arbeiten gehen durfte, wenn das mit »ihren Pflichten in Ehe und Familie vereinbar« war. Immerhin wurde den Frauen nun auch gestattet, den Führerschein zu machen, zuvor musste ihr Mann zustimmen.
- Bis 1977 konnten Ehemänner ihren Frauen verbieten, einen Beruf auszuüben.

Auswirkungen/Verhalten in der Gegenwart:

»Anweisungen«, die von weiblichem Personal ausgesprochen werden, könnten für manchen Bewohner als Beschneidung der Männlichkeit empfunden werden. Umso wichtiger ist es, auf Augenhöhe zu agieren und den pflegebedürftigen Mann als gleichwertigen Partner im Pflegeprozess einzubeziehen. Der pflegebedürftige ältere Mann muss das Gefühl vermittelt bekommen, dass er weiterhin die Zügel in der Hand hat, seine Geschicke kontrolliert – selbst wenn ihm dies aufgrund seines Gesundheitszustandes tatsächlich nur noch sehr eingeschränkt möglich sein sollte.

3. Strenge Erziehung, klare Rollen

- In den 30er und 40er Jahre orientierte man(n) sich an Vorgaben wie »Ein Junge weint nicht«, »Zäh wie Leder«, »hart wie Kruppstahl« – Männer waren (auch bzgl. ihrer Kinder) recht emotionslos.
- Klare Rollenverteilung herrschte auch in der Erziehung: der Vater war der »Sanktionierer« (Mutter: »Warte nur, bis der Vater das hört!«) mit großer Strenge.

Auswirkungen/Verhalten in der Gegenwart

Die erlernte Emotionslosigkeit macht es vielen pflegebedürftigen Männern heute nahezu unmöglich, ihren Gefühlen freien Lauf zu machen und sich jemandem mit Sorgen und Ängsten anzuvertrauen. Wenn Sie vermuten, dass die Person etwas belastet, sollten Sie daher aktiv auf sie zugehen und versuchen, Abhilfe zu schaffen. Wenn Sie beispielsweise Angst vor notwendigen medizinischen Maßnahmen beim Mann verspüren, können Sie (ohne dazu aufgefordert worden zu sein) mitteilen, dass es sich um einen Routineeingriff handelt und hier mit keinen Komplikationen zu rechnen ist.

Die Strenge des Vaters von einst kann einerseits Erklärungsansätze für ein evtl. schwieriges Verhältnis zu den eigenen Kindern bieten. Zudem kann eine Rückbesinnung auf das erlernte Norm- und Wertgefüge des Mannes auch im Miteinander in einer Pflegeeinrichtung zu großen Problem führen. Wenn ein demenzkranker Mensch am Tisch unentwegt singt und ein »strenger« Mann dies unterbinden möchte, droht im schlimmsten Fall die Anwendung körperlicher Gewalt.

1.11   Männer und Aggression

Vorab: Es geht nicht darum, den älteren Männern im Pflegeheim Unrecht zu tun oder ein einseitiges Bild zu zeichnen. Natürlich sind es keineswegs nur die Männer, die in Pflegeeinrichtungen herausfordernde Verhaltensweisen wie körperliche Übergriffe zeigen – dies kann Ihnen mit demenzkranken Seniorinnen ebenso ergehen (und glauben Sie mir, ich spreche hier aus Erfahrung).

»Im pflegerischen Alltag begegnen uns Gewalt und Aggression in unterschiedlichen Formen und Ausprägungen. In einer groben Einteilung lassen sich vier verschiedene Arten von Aggression unterscheiden:
1. *Verbal aggressives Verhalten, Patienten oder Bewohner, die vor sich hin fluchen, andere beschimpfen oder gar Gewalt androhen.*
2. *Nonverbale Gewaltandrohungen wie z. B. »mit dem Fuß aufstampfen«, spucken oder mit dem Gehstock drohen.*

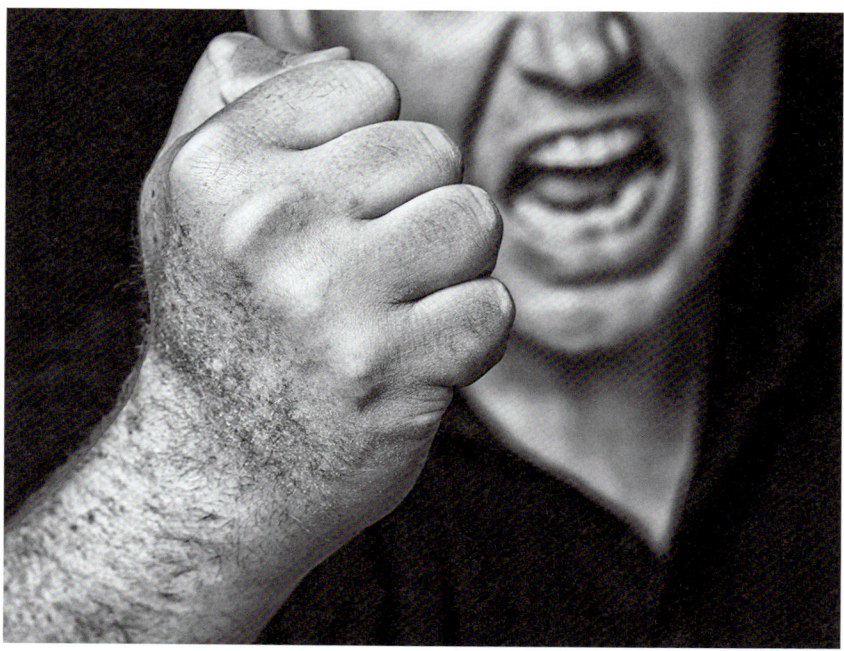

© fpic – stock.adobe.com

1

3. *Tätlich aggressives Verhalten beinhaltet sowohl eine beabsichtigte Zerstörung von Gegenständen als auch die Anwendung von körperlicher Gewalt.*
4. *Selbstgerichtete Aggression, die sich zum Beispiel in Selbstverletzungen oder auch in Suizidhandlungen äußert.«*[10]

Die Einstellung zur Gewalt ist einmal mehr ein Faktor, der in hohem Maße abhängig von der individuellen Sozialisation ist. So kann etwa der Schlag mit der flachen Hand auf das Gesäß ein »freundschaftlicher Klaps« sein oder eben Körperverletzung – wobei die Akzeptanz von aggressivem Verhalten auch zeitlichen Veränderungen

> Gewalt –
> manchmal ein Mittel
> zur Konfliktlösung

unterliegt. In der Schulzeit der jetzt Pflegebedürftigen waren Schläge durch den Lehrer an der Tagesordnung. Erst 1972 wurde das Züchtigungsrecht der Lehrer bundesweit abgeschafft! Auch in der Lehre waren Ohrfeigen, Schikanen und Erniedrigungen bis weit in die 70er Jahre gang und gäbe.[11]

Wer Gewalt als Mittel zur Konfliktlösung lernt, wird diese mangels Alternativen auch im Bedarfsfall anwenden.

Fazit ▸ **Aggression ist oft männlich**

Ganz unabhängig von der Persönlichkeit ist das Aggressionspotenzial bei Männern grundsätzlich höher als bei Frauen, zumindest dann, wenn es um körperliche Aggression und Gewalt geht.*

* Möller-Leimkühler AM (2010): Psychosoziale Determinanten männlicher Aggression und Gewalt. In J Neurol Neurochir Psychiatr 2010, 11 (2), S. 70

Wenngleich natürlich auch ältere Damen schlagen können, wenn sie pflegerische oder betreuerische Bemühungen nicht nachvollziehen können oder sich schlichtweg in einer Phase der Desorientierung befinden: Die

---

[10] Schirmer U et al. (2012): Prävention von Aggression und Gewalt in der Pflege. 3., akt. Aufl. Schlütersche Verlagsgesellschaft, Hannover, S. 12
[11] Vgl. Spiegel vom 27. 4. 1970, im Internet: http://www.spiegel.de/spiegel/print/d-45439797.html, Zugriff am 24. 03. 2919

Muskelkraft der Männer ist ungleich höher – und damit auch die Verletzungsgefahren für das Personal.

Bei allen pflegerischen Bemühungen sollte daher Ihr Selbstschutz immer höchste Priorität haben. Pflege- und Betreuungskräfte dürfen niemals die Kräfte unterschätzen, die auch ein älterer, pflegebedürftiger Mann noch aufbringen und gegen sie richten kann.

Selbstschutz gilt bei allen pflegerischen und betreuenden Handlungen

Wenn ein Pflegebedürftiger beispielsweise infolge einer Orientierungsstörung die pflegerische Handlung nicht nachvollziehen kann und sich in einem Kriegsszenario wähnt, kommt es schnell zu kritischen Situationen. Insbesondere bei Pflegebedürftigen mit einer Manie, mit wahnhaften Erkrankungen sowie mit Alkohol- bzw. Drogensucht, sollten Pflegekräfte stets mit der erforderlichen Vorsicht und dem gegebenen Respekt agieren. Umso wichtiger ist es dafür Sorge zu tragen, dass der Pflegebedürftige die geplanten pflegerischen Handlungen versteht und nachvollziehen kann.

Info
Gewalt ist manchmal einfach nur das letzte Mittel eines demenzkranken Menschen uns zu verdeutlichen, dass er die (gut gemeinten) Pflegemaßnahmen nicht nachvollziehen kann und ablehnt.

Natürlich kann es trotz größter Vorsicht passieren, dass eine alltägliche Situation eskaliert und Sie in eine kritische Situation geraten. Die Berufsgenossenschaft für Wohlfahrtspflege (BGW)[12] hat festgestellt, dass über 60 Prozent der Mitarbeiter in der stationären Altenpflege im Jahresverlauf

---

[12] Nienhaus A et al. (2016): Gewalt und Diskriminierung am Arbeitsplatz. Gesundheitliche Folgen und settingbezogene Ansätze zur Prävention und Rehabilitation. In: Bundesgesundheitsblatt, Vol. 59, No. 1, 2016, S. 88–97

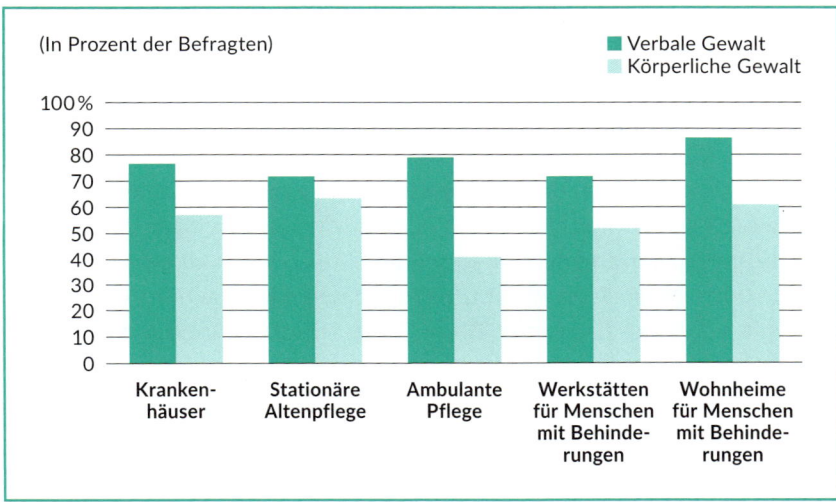

Abb. 3: Gewalterlebnisse innerhalb eines Jahres.

Quelle: Gewalt und Diskriminierung am Arbeitsplatz, 2015, Bundesgesundheitsblatt DOI 10.1007/s00103-015-2263-x

mindestens einmal mit körperlicher Gewalt konfrontiert werden. Die häufigsten Ausfallzeiten aufgrund von Verletzungen, die dem Personal durch Pflegebedürftige zugezogen werden, gibt es nicht (was zu erwarten wäre) in der Psychiatrie – sondern im klassischen Pflegeheim.

Die folgenden Tipps sollen Ihnen bei der erfolgreichen Bewältigung einer akuten Notsituation helfen. Selbstverständlich sind diese sowohl bei Männern als auch bei Frauen anwendbar.

Tipp
- Achten Sie schon frühzeitig auf Anzeichen von Aggressivität oder innere Anspannung bei Ihrem Gegenüber.
- Die wohl wichtigste Regel: An die Eigensicherung denken! Abstand halten, mögliche Fluchtwege in den Blick nehmen und abschätzen.

- Tief durchatmen! Versuchen Sie, ruhig zu bleiben. Je ruhiger Sie sind, desto souveräner werden Sie die Situation meistern.
- Achten Sie im Fall drohender körperlicher Übergriffe darauf, Verletzungsrisiken zu minimieren, indem Sie ruhig möglichst alles, was zum Schlagen oder Werfen eingesetzt werden könnte, außerhalb der Reichweite des Pflegebedürftigen bringen.
- In angespannten Situationen sollten Sie sich stets außerhalb der unmittelbaren Schlagdistanz befinden und darauf achten, dass ggf. noch eine Barriere (z. B. ein Tisch) zwischen Ihnen und dem Mann steht.
- Begegnen Sie Ihrem Gegenüber mit Respekt und Empathie. Signalisieren Sie Wertschätzung und gehen Sie auf die Gefühlslage ein.
- Nehmen Sie Blickkontakt mit dem Mann auf.
- Sprechen Sie die Person mit Namen an – das betont die Beziehung zwischen Ihnen und Ihrem Gegenüber und kann das Erregungsniveau des Mannes senken.
- Sprechen Sie ruhig und in angemessener Lautstärke und achten Sie insbesondere auch auf Ihre Körpersprache, d. h. Mimik, Gestik sowie den Klang der Stimme.
- Setzen Sie weder Ironie noch Sarkasmus ein.
- Vermeiden Sie unbedingt jede Art von Drohgebärden oder verbalen Drohungen.
- Diskutieren Sie nicht, insbesondere nicht mit demenzkranken Bewohnern. Es macht keinen Sinn, Recht haben zu wollen – in dieser Situation ist das kontraproduktiv.
- Versuchen Sie, die aggressive Person von der Situation abzulenken.
- Drehen Sie dem Bewohner nie den Rücken zu, damit Sie stets sehen können, was er tut.
- Dokumentieren Sie die Situation so sachlich und wertfrei wie möglich, nachdem Sie die Krise erfolgreich gemeistert haben. Es ist unbedingt erforderlich, das Geschehen mit Ihren Kollegen aufzuarbeiten und eventuell Maßnahmen hieraus abzuleiten.

1

© Fotowerk – Fotolia.com

1.12   Männer und Sexualität

Wenngleich die Sexualität im Alter Veränderungen erfährt und mit zuneh-
mendem Alter in der Regel die Häufigkeit sexueller Kontakte abnimmt, geben Pflegebedürftige ihre sexuellen Bedürfnisse natürlich nicht beim Einzug in eine Pflegeeinrichtung am Empfang ab. Menschen, denen Sexualität
ihr ganzes Leben lang wichtig war, wird sie auch im Alter wichtig bleiben.

- Nach einer amerikanischen Untersuchung[13] sind rund ein Viertel der älteren Menschen zwischen 75 und 85 Jahren regelmäßig sexuell aktiv.
- Sexuelle Aktivität in höherem Lebensalter geht einher mit einer guten
  mentalen Fitness und generellem Wohlbefinden. Insofern ist Sexualität
  eine wichtige und anhaltende Komponente des Lebens.[14]

---

[13] Vgl. Lindau ST, Schumm LP, Laumann EO u. a. (2007): A Study of Sexuality and Health among Older
      Adults in the United States. In: New England Journal of Medicine 357, Nr. 8, S. 762–774
[14] Vgl. DeLamater J, Koepsel E (2015): Relationships and sexual expression in later life.
      A biopsychosocial perspective. In: Sexual Relationship Therapy 30, 2015, S. 37–59

Auch wenn der Testosteronspiegel sinkt und das Lustempfinden etwas nachlässt: Viele Männer »können« auch im hohen Alter noch und sind nicht von dem Damoklesschwert der erektilen Dysfunktion betroffen. Impotenz ist längst keine unabwendbare Alterserscheinung mehr, sondern die Folge verschiedenster körperlicher und seelischer Faktoren. Diese lassen sich oftmals lindern. Zudem eröffnen neue Wirkstoffe zahlreiche Behandlungswege. Potenz ist für die meisten älteren Männer ein wesentlicher Bestandteil des Selbstbildes.

Potenz gehört für viele Männer zum Selbstbild

Der Verlust der Erektionsfähigkeit ist daher für die Betroffenen fast immer mit einer Beschädigung des Selbstwertgefühls verbunden. Wenn wir uns die klassischen Rollenattribute des Mannes nochmals ins Gedächtnis rufen, erscheint das logisch: »Mann« kann. Und muss können. Um jeden Preis. Schüchtern sein war stets verpönt, der Mann hat schließlich auch bei der Partnerwahl die Initiative ergriffen und zeigte in der Regel ein ausgeprägteres Interesse an der Sexualität als das weibliche Geschlecht.

1.12.1   Sexuelle Belästigung

Regelmäßigen Leidensdruck verspüren aber nicht nur die »nicht mehr funktionierenden« Männern, sondern auch das weibliche Personal, das mit sexuellen Anzüglichkeiten konfrontiert wird. Grundsätzlich kann sexuelle Belästigung natürlich sowohl von Männern als auch von Frauen ausgehen. Insbesondere im Zusammenhang mit Frontotemporalen Demenzen (FTD) erleben Sie vielleicht im Alltag immer wieder entsprechende Herausforderungen in Form von Anzüglichkeiten oder sexuell motivierten Übergriffen.

Und dennoch verdient das Thema eine besondere Betrachtung im Zusammenhang mit der Pflege und Betreuung männlicher Pflegebedürftiger: Dem Mann wurde seit jeher sexuelle Aktivität und sexuelles Interesse zugeschrieben, wohingegen die Damenwelt sich – zumindest in früheren Zeiten – passiver verhielt. Für Menschen, für die Sexualität immer eine große Rolle gespielt hat, findet sich eine entsprechende Fortsetzung im Alter.

- Belästigungen kommen oft ohne Vorwarnung – manchmal aber zeichnen sich unerwünschte Annäherungsversuche ab.
- Auf zunächst eher harmlose Bemerkungen folgen deftigere Sprüche.
- Manche Männer probieren aus, wo die Grenze ist, und amüsieren sich darüber, wenn die Mitarbeiterinnen verlegen werden.

Sie sollten unbedingt versuchen, derartige Anzüglichkeiten möglichst früh auszubremsen. Ein defensives Verhalten im Falle einer Belästigung hat keinen Erfolg. Das Vorgefallene ignorieren oder mit einem Scherz überspielen, hindert in den wenigsten Fällen die Belästiger daran, weiter zu machen und Übergriffe zu wiederholen.

Besser ist ein offensives, unerwartetes und eben nicht typisch weibliches Verhalten: Den Belästiger zur Rede stellen, die Belästigung beim Namen nennen, sich das Verhalten verbitten und mit einem klaren **HALT**, **NEIN** oder **SCHLUSS JETZT** Grenzen setzen. Auch abwehrende Gesten, z. B. der Arm mit erhobener, offener Handfläche, helfen.

> Sexuelle Übergriffe – die Antwort heißt handeln, nicht schweigen

Anschließend sollte im Team diskutiert werden, ob Kolleginnen mit dem Pflegebedürftigen ähnliche Erfahrungen gemacht haben und sich unterstützen lassen.

Falls es zu weiteren Übergriffen kommt, sollten Sie Ihre Vorgesetzten informieren. Im weiteren Verlauf sollten Heim- oder Pflegedienstleitung den Kontakt zum Pflegebedürftigen suchen und verdeutlichen, dass in letzter Konsequenz die Pflege des Pflegebedürftigen abgelehnt wird, wenn dieser sein Verhalten nicht ändert.

Sofern sich die Möglichkeit bietet und auch männliche Kollegen in Ihrem Wohnbereich arbeiten, kann die Zuweisung einer gleichgeschlechtlichen Pflegekraft hilfreich sein.

Ein weiterer Tipp, mit dem viele Pflegekräfte gute Erfahrungen gemacht haben: Lassen Sie sich nicht duzen, sondern konsequent mit »Sie« und dem Nachnamen ansprechen.[15]

1.12.2   Sexuelle Belästigung durch demenzkranke Männer

Das öffentliche Entkleiden, Selbstbefriedigung im Aufenthaltsraum oder im Zimmer, ungefragtes Berühren anderer Personen, Aufsuchen anderer Zimmer und Betten – all dies sind Verhaltensweisen, die ein demenzkranker pflegebedürftiger Mensch krankheitsbedingt zeigen kann.

Menschen mit Demenz können sich oftmals nicht mehr an den üblichen gesellschaftlichen Regeln orientieren. Dies betrifft auch die Sexualität. Wird das Gehirn durch eine Demenz geschädigt, können die Kontrollmechanismen für sexuelles Verhalten versagen.

Dies ist insbesondere bei der Frontotemporalen Demenz (FTD) der Fall. Es kommt bei den Erkrankten häufig zu enthemmten und impulsiven Reaktionen. Die Betroffenen haben kein Bewusstsein dafür, dass sie anderen damit zu nahe treten, ihnen wehtun können und Grenzen überschreiten.

- *»Menschen mit Demenz verlieren die Orientierung in der Zeit. Ein Ton, ein Geruch oder ein Bild kann eine Erinnerung auslösen. Der Mensch erlebt diese innere Vergangenheit als gegenwärtig und verwechselt dann vielleicht die junge Pflegerin mit seiner Ehefrau in jungen Jahren.«[16]*
- *»Menschen mit Demenz können sich oft nicht mehr gut mitteilen oder ihre Gefühle ausdrücken. Das führt dazu, dass sie sich entweder sehr direkt äußern oder gar keine Worte finden. ... So kann es vorkommen, dass sie eine für sie attraktive Person unaufgefordert und unangemessen anfassen.«[17]*

---

[15]   Vgl. Gaede K (2019): Metoo in der Pflege. Diese 12 Tipps helfen Ihnen bei sexueller Belästigung. Im Internet: https://www.pflegen-online.de/diese-12-tipps-helfen-ihnen-bei-sexueller-belaestigung, Zugriff am 24. 03. 2019

[16]   Profamilia (2016): Sexualität und Demenz. S. 6 Im Internet: https://www.profamilia.de/publikationen.html?tx_pgextendshop_pi1%5Baction%5D=show&tx_pgextendshop_pi1%5Bcontroller%5D=Item&tx_pgextendshop_pi1%5Bproduct%5D=144&cHash=982d8dbfeb-c47b3711668e8431181197, Zugriff am 24. 03. 2019

[17]   Ebd., S. 10

- *»Menschen mit Demenz haben frühzeitig Schwierigkeiten, die Aussagen anderer zu erfassen, vor allem, wenn sie sich auf die Zukunft beziehen. Daher kann schon der beiläufig dahin gesagte Satz »Zeit fürs Bett« völlig falsch aufgefasst werden – nämlich als konkrete Einladung zum Sex.«*[18]

Um solche Probleme in den Griff zu bekommen, könnte die Pflege beispielsweise durch eine Mitarbeiterin durchgeführt werden, die der Pflegebedürftige nicht »attraktiv« findet, die ihn also eben nicht an seine frühere Partnerin erinnert oder die, salopp gesagt, eben nicht »sein Typ« ist. Die Zuweisung einer gleichgeschlechtlichen Pflegekraft wäre in einem solchen Fall die ideale Lösung.

Eine klare und eindeutige Kommunikation hilft, die oben genannten Missverständnisse zu vermeiden. Pflegekräfte sollten nicht davon sprechen, dass »wir« jetzt »zu Bett gehen« oder »wir jetzt duschen gehen«.

Mit demenzkranken Menschen sollten Sie nicht diskutieren. Klar, kurz und deutlich zu sagen, wenn Sie ein bestimmtes Verhalten nicht wünschen, sollten Sie aber dennoch! Machen Sie es sich zunutze, dass Demenzkranke Ihre Gestik und Mimik sehr genau beobachten und interpretieren.

> Keine Diskussionen mit demenzkranken Menschen

Vielleicht ist auch eine Sexualassistentin das Mittel der Wahl. Sexualbegleitung ist eine Dienstleistung für Menschen, für die sexuelle Begegnungen sonst kaum möglich sind.

Diese Dienstleistung kann ganz unterschiedliche Handlungen beinhalten: von körperlicher Nähe, Zärtlichkeiten und Massage bis hin zu Anleitung zur Masturbation oder Geschlechtsverkehr. Dies sollte im Vorfeld zuvor mit der Heim- und Pflegedienstleitung und ggf. auch mit den Angehörigen abgesprochen werden.

---

[18] Ebd., S. 9

Erfahrungen mit Sexualbegleitung zeigen, dass regelmäßige Treffen sexuell herausforderndes Verhalten von Menschen mit Demenz verbessern können und das Wohlbefinden der Pflegebedürftigen steigert.

»Erfahrungen mit Sexualbegleitung zeigen, dass regelmäßige Treffen sexuell herausforderndes und für alle Seiten anstrengendes Verhalten von Menschen mit Demenz verbessern kann und ihr Wohlbefinden steigert. Diese Dienstleistung ist sowohl für Männer als auch für Frauen nutzbar. Regional gibt es allerdings bei der Auswahl von Angeboten noch große Unterschiede. Über die Nutzung einer sexuellen Dienstleistung entscheidet in erster Linie der betroffene Mensch selbst. Es ist in der Regel aber sinnvoll, die Angehörigen zu informieren und eventuell in die Entscheidung mit einzubeziehen.«[19]

---

[19] Ebd., S. 14

2 Beschäftigung und Aktivierung für Männer

2.1 Grundsätzliche Tipps für Beschäftigungsangebote – Was braucht der Mann?

Welche Beschäftigungsangebote bieten sich für Männer überhaupt an? Wodurch können Betreuungskräfte Interesse wecken und was ist geeignet, um die männlichen Bewohner in die Gemeinschaft zu integrieren?

Info

Männer tendieren eher zu kürzeren, dafür körperlich anstrengenderen Aktivitäten. Frauen hingegen sind ausdauernder und zeigen an längeren Beschäftigungsinhalten Interesse.

2.1.1 Bewahrung des Selbstbildes

Männer sind immer dann zur Stelle, wenn sie helfend und beratend ihre Kompetenzen einbringen können. Sie definieren sich über Leistung und ein »Bessersein« als die anderen.

Sind sich die männlichen Bewohner nicht mehr sicher, dass sie etwas souverän erledigen können, ziehen sie sich eher aus dem Tun zurück und bringen aus dem Hintergrund ihre Erfahrungen und Kompetenzen ein. So können sie ihr Selbstbild des »perfekten Mannes« bewahren.

Tab. 5: Wenn Männer nicht aktiv sein können (wollen)

Alternative zum Tun	Geeignete Aktivitäten
Einfach nur dabei sein	• Besuche von Fachmessen (Berufsorientierung) • Waldspaziergänge (Naturverbundenheit) • Ausflüge zum Wochenmarkt etc. (Versorger) • Koch- und Backgruppe (ja, richtig gelesen: gemäß meiner Erfahrung genießen Männer es mitunter sichtlich, der Hahn im Korb zu sein und sich von den Damen bekochen zu lassen)
Zuschauen	• Fußballspiel ansehen • Den Hausmeister im Garten beim Zeltaufbau anlässlich des jährlichen Sommerfest beobachten
Mitreden	• Stöbern im Baumarkt • Gesprächskreise zu »männlichen« Themen

Alternative zum Tun	Geeignete Aktivitäten
Fachsimpeln	• Besuch eines Autohauses • Besuch alter Werksgelände, Fabriken, Industrie-museen • Angeln gehen
Geschichten erzählen lassen	• Feierabendbier (in der Kneipe an der Ecke) – Achtung: Bei Bewohnern mit bekannten Alkohol-problemen auf alkoholfreies Bier achten! • Männerstammtische
Möglichkeiten bieten, sich selbstbestimmt, kompetent, handelnd einzubringen, ohne sich eine Blöße geben zu müssen	Zusammen etwas reparieren oder zusammenbauen, z. B. ein Fahrrad, einen Schrank etc.

Als gutes Beispiel für das bloße Fachsimpeln, ohne selbst aktiv eingreifen zu müssen, fällt mir immer wieder das Grillanzünden bei einem öffentlichen Fest in einem Seniorenheim ein: Die Herren der Schöpfung geben dem Hausmeister hierbei detaillierte Tipps, wie er das Zündholz zu positionieren hat, wo die Anzünder hineingesteckt werden sollen und was alles zu tun

© Eiskönig – Fotolia.com

(oder zu unterlassen) ist, um ein »gescheites« Feuer hinzubekommen. Die pflegebedürftigen älteren Männer sind hierbei völlig in ihrem Element und kommandieren den »Jungspund« mit ihren fachlichen Tipps (und sichtlich Spaß) herum.

2.1.2   Männer brauchen Freunde

Gemeinsame Unternehmungen mit anderen männlichen Bewohnern werden von vielen älteren, pflegebedürftigen Männern gern angenommen. Teilweise sind diese Bewohner den gesamten Tag mit anderen Männern unterwegs, um Sachen gemeinsam zu erledigen, zu rauchen oder sich gegenseitig zu unterstützen.

Dies knüpft an das Schema des »besten Freundes« an und ermöglicht zudem eine Flucht aus der weiblich dominierten Umwelt. Jene bereitet vielen älteren, pflegebedürftigen Männern wenig Freude, da sie in aller Regel nicht ihren Bedürfnissen und Interessen entspricht.

© Ljupco Smokovski – stock.adobe.com

© MEV-Verlag, Germany

2.1.3 Außenaktivitäten

Viele Männer sind stärker nach außen orientiert als Frauen. Das Haus, die Wohnung, war traditionell das Reich der Frau. Es war der Ort, an dem Kinder und Familie versorgt wurden. Der Ort, den die Frau gestaltete. Der Mann passte sich zu Hause dieser Ordnung an, hatte aber oft regelmäßig das Bedürfnis, diesem Ort zu entfliehen – wobei schon der stundenlange Aufenthalt im Hobbykeller einer Flucht gleich kam.

Früher war der Zufluchtsort Nummer 1 der Arbeitsplatz, nach Renteneintritt vielleicht noch der Verein, die Freiwillige Feuerwehr, die Skatrunde oder der wöchentliche Ausflug zum Angeln am See. Betreuungskräfte, die solche Aktivitäten anbieten, werden somit zu waschechten »Fluchthelfern«.

Mitstreiter zur Begleitung bei Ausflügen sind meist schnell gefunden! Viele Angehörige sind selbst bereits Rentner oder arbeiten nicht mehr ganztägig. Sie sind froh, wenn sie Ausflüge begleiten können, einfach um noch einmal eine schöne gemeinsame Zeit außerhalb den Mauern des Pflegeheims mit Vater, Onkel oder Opa verbringen zu können.

> ### *Beispiel* ❭ Außenaktivitäten
>
> - Fußballspiel ansehen
> - Besuch einer Hafenanlage/eines Schiffshebewerks/Zeche etc.
> - Museumbesuch (z. B. Industriemuseum)
> - Alte Werksgelände und Fabriken besuchen
> - Ausflug zum Tanztee in der Umgebung
> - Besuch von Fachmessen
> - Besuch eines Fußballspiels oder Teilnahme an einer Stadionführung
> - Besuch einer Kfz-Werkstatt
> - Besuch eines Baumarktes
> - Besuch eines Autohauses

2.1.4   Gemischte oder getrennte Gruppen?

Pflegebedürftige Männer gehen in der Regel nicht ganz so gern wie Frauen auf Gruppenangebote ein. Dies liegt nicht daran, dass Männer nicht so viel reden. Männer reden auch, aber anders als Frauen. Während Frauen sich eher auf der Beziehungsebene austauschen, geht es beim Mann eher um Sachinformationen, die ausgetauscht werden. Vielleicht liegt es aber auch an der vermeintlichen Unfähigkeit, Gefühle auszudrücken und Schwächen einzugestehen. Gruppenangebote bieten weniger Rückzugsmöglichkeiten, Man(n) ist »auf dem Präsentierteller«, mit allen Stärken und Schwächen.

Daher ist es auch die verantwortungsvolle Aufgabe der Gruppenleitung, dafür Sorge zu tragen, dass das Gruppenerleben in positiver Erinnerung bleibt und niemand mit seinen Defiziten vorgeführt wird. Dennoch: Der eine oder andere pflegebedürftige Mann wird es vorziehen, sein Schicksal mit sich allein auszumachen und es eigenständig verarbeiten wollen. In jenem Fall sollten Sie versuchen, ihn über Einzelbetreuungsmaßnahmen zu erreichen.

© Photographee.eu – Fotolia.com

Tipp
Für Einzelbetreuung, insbesondere Gesprächsangebote, scheinen viele Männer eher zugänglich zu sein – wobei natürlich auch hier die Ausnahmen die sprichwörtliche Regel beschreiben.

Bei der Wahl der Gruppe, d. h. ob Sie ein eigenes Angebot für die Männer (und dann exklusiv) planen oder die Geschlechter mischen, gilt die Maßregel: Männer brauchen beide Gruppenformen. Getrennt und gemischt. Meine Erfahrungen:

- Männer unterhalten sich in rein männerbesetzten Gruppen untereinander komplett anders und über andere Themen, als es in gemischten Gruppen der Fall ist.
- Bei einem wöchentlichen Fußball-Stammtisch wird sicherlich das eine oder andere »deftige« Wort beim Mitfiebern mit dem Lieblingsverein fallen.

- Sobald Frauen in eine Männergruppe hinzukommen verändert sich die Atmosphäre. Die Männer reden nicht mehr ganz so laut und impulsiv, der Tonfall wird weicher und die Herren wenden sich den Frauen aktiv zu.
- Sehr viele Männer freuen sich sehr, an gemischten Gruppen teilzunehmen. Wer ein Leben lang die Gemeinschaft von Frauen genossen hat, möchte das schließlich auch im Alter nicht missen.

Beispiel ▸ Der »Preisrichter«

Herr Wencke sitzt als einziger Mann, als der »Hahn im Korb«, in der Koch- und Backgruppe. Er beteiligt sich hieran nicht aktiv, d. h. die »Schnibbeleien« überlässt er den Damen. Er wirft aber regelmäßig kleine Witze und Anekdoten ein und wird von den Seniorinnen wegen seiner freundlichen und humorvollen Art geschätzt.

Seine Aufgabe ist es auch, den »Preisrichter« zu spielen. Er gibt den Damen jede Woche eine (nicht ganz ernst gemeinte) Bewertung für das jeweilige »Kochprodukt« ab. Er liebt es, bekocht zu werden und gefällt sich in seiner Rolle sichtlich.

2.1.5   Frauen spornen Männer an

Mitarbeiter in Pflegeeinrichtungen mit einem relativ hohen Männeranteil berichten mir oft, dass sich dies sehr positiv auf die gesamte Atmosphäre im Haus auswirkt. Getreu dem Motto »die Frauen schauen, die Männer tun« sind die Herren mit Haut und Haaren Kavaliere der alten Schule.

Beispiel ▸ Kavalier gesucht!

Fünf Damen sitzen im Gruppenraum. Eine der Bewohnerinnen möchte etwas trinken und greift nach der noch verschlossenen Wasserflasche auf dem Tisch. Bevor sie die Öffnungshilfe (gummierter Drehring) verwenden kann, hat ein männlicher Mitbewohner die Situation bereits erkannt, eilt hinzu, nimmt der Dame die Flasche aus der Hand und öffnet ihr diese.

© contrastwerkstatt – Fotolia.com

In derartigen Situationen greift wieder das erlernte Handlungsrepertoire: Der Mann ist der starke, schützende Versorger, die Frau eine von ihm abhängige Person.

Organisieren Sie einen Grillnachmittag in Ihrer Einrichtung. Sie werden sehen – die Männer werden um den Grill herumstehen und, fachsimpelnd, das Feuerholz zusammentragen und beim Anzünden behilflich sein. Zumindest werden sie (falls sie zum aktiven Tun nicht mehr in der Lage sind) dem Hausmeister zahlreiche Tipps »soufflieren«. Kurzum: Die Herren werden auch hier die klassische »Experten-/Versorgerrolle« einnehmen.

Die Frauen hingegen werden vermutlich in die jahrzehntelang dominante »Hausfrauenrolle« schlüpfen – und lieber Salate oder Desserts zubereiten.

2.1.6 Gezielt um Hilfe bitten

Es ist durchaus zu befürworten, (mindestens) einen Mann im Pflege- und Betreuungsteam zu haben. Die Gründe hierfür habe ich verdeutlicht:

- Männergerechtere Kommunikation
- Ein besseres »Hineindenken« in die Bedürfnisse des alten Mannes
- Verbündeter in einer vorwiegend weiblichen Umwelt

Die Realität sieht aber so aus, dass große Teile des Personals, besonders im Pflege- und auch im Betreuungsbereich, weiblich sind. Wie kann es den Mitarbeiterinnen dennoch gut gelingen, die Männer zur Teilnahme zu Aktivitäten zu motivieren?

Tipp

Fügen Sie sich (vermeintlich) in das klassische Rollenbild der Frau. Das Zauberwort lautet: »Angedeutete Hilflosigkeit« und Unterstützungsbedarf. Zeigen Sie dem Mann, dass Sie ihn brauchen!

Wenn die Pflegebedürftigen gemäß ihres Selbstverständnisses das Bedürfnis haben, einer Frau zu helfen, dann sollten Sie genau das zu Ihrem Vorteil wandeln:

- Bitten Sie um die Unterstützung eines Mannes.
- Teilen Sie ihm mit, dass Sie seinen Rat benötigen, da Sie mit der Situation »überfordert« sind.
- Appellieren Sie an seine Stärke, seine Kompetenz, sein Organisationsgeschick, sein Kontrollvermögen.
- Erinnern Sie ihn an sein klassisches Rollendenken.

Sie werden sehen – wenn es gelingt, die richtigen Impulse zu setzen, ist die Macht der erlernten Rollen so groß, dass Sie über diesen Kniff die Männer durchaus das eine oder andere Mal aus der Reserve locken. Mitunter kann eine weibliche Betreuungskraft einen Mann sogar viel leichter oder besser aktivieren, als ein »Geschlechtsgenosse« es könnte.

2

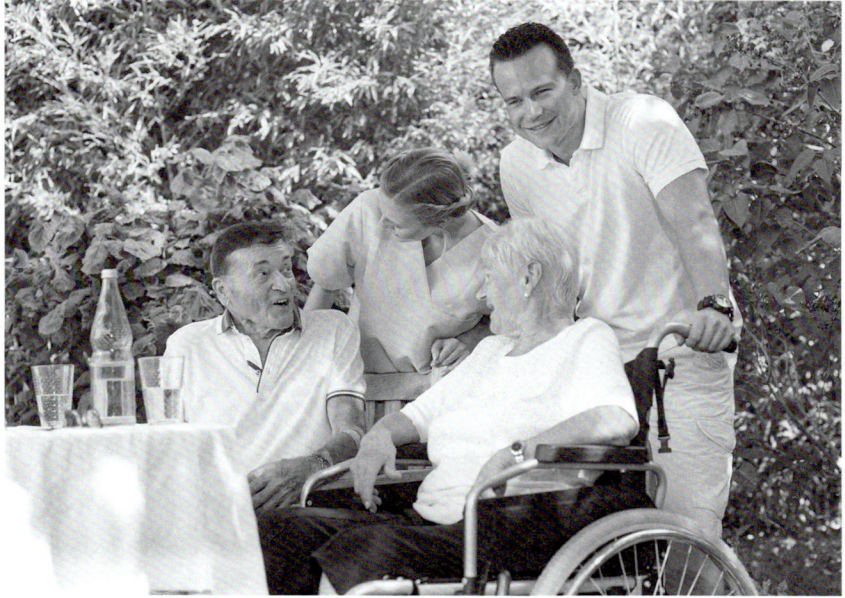

© Karin & Uwe Annas – stock.adobe.com

Wenn der Mann mit seinen Kompetenzen imponieren kann, er es zudem noch mit einer reizenden Dame zu tun hat, die den Kavalier in ihm weckt – dann haben Sie gewonnen! ...und mit Ihnen auch der Mann, denn sein Selbstbewusstsein wird gefördert und vielleicht wird sein Interesse an der Aktivität nachhaltig geweckt – und beim nächsten Mal kommt er eventuell von sich aus auf Sie zu und möchte abermals mitmachen!

Beispiel   **»Sie kennen sich doch so gut aus...«**

Herr Römer wohnt seit einigen Wochen in der Seniorenresidenz und zieht sich vollständig auf sein Zimmer zurück. Alle Betreuungsbemühungen, auch seitens der männlichen Kollegen, werden von ihm bislang abge-blockt.
Diese Erfahrung macht auch die Betreuungskraft Frau Sunder: »Hallo Herr Römer! Haben Sie vielleicht Lust, uns heute auf den Ausflug zu beglei-ten?« – »Nein, das ist nichts für mich«, reagiert er recht schroff.

Frau Sunder versucht es dennoch ein weiteres Mal: »In Ordnung, ich wünsche Ihnen trotzdem einen schönen Tag. Ich dachte, Sie hätten vielleicht Lust. Wissen Sie, ich kenne mich in dem Stadtteil, in dem unser Ausflugsziel liegt, nicht so gut aus. Da Sie früher Taxi gefahren sind und die Straßen alle wie Ihre Westentasche kennen, hätten Sie mich prima zum Ziel lotsen könn...« – »Ist gut, Mädchen«, unterbricht Herr Römer und holt sich eine Jacke aus dem Schrank. »Das bekommen wir schon hin, ich komm mit!«

2.1.7 Konkurrenz belebt das Geschäft

Von klein auf haben Männer um irgendetwas konkurriert: Mit den Geschwistern um das schönste Spielzeug oder um die Aufmerksamkeit und Liebe der Mutter. In der Schule um die besten Noten (aber bitte nur im Sport, man(n) war ja schließlich kein »uncooler« Streber!). Beim täglichen »Pöhlen« (Fußballspielen) auf der Straße im Freundeskreis, wer der beste Kicker ist. Später konkurrierte man(n) um die schönsten Mädels im Viertel. Und noch etwas später setzten Männer in Ausbildung und Beruf jahrzehntelang vielfach die Ellenbogen ein, um die Karriereleiter zu erklimmen.

Auch im hohen Alter können Männer diesen Wettbewerbsgedanken aufgreifen. Erster sein heißt schließlich »männlich sein«. Über diese Motivation können Sie somit auch den einen oder anderen Mann zur Teilnahme an Aktivitäten motivieren.

Beispiel ▸ **Fang! Wenn Du kannst ...**

Im Rahmen der Gymnastikrunde sollen sich die Senioren einen Schaumstoffwürfel zuwerfen. Herr Schmitz schnalzt mit der Zunge und donnert den Würfel, so stark er kann, zu seinem Gegenüber, Herrn Backes. Dessen Wettbewerbseifer wird hierdurch geweckt: Auch er mobilisiert seine ganzen Kräfte und wirft den Würfel mit großer Kraft weiter – er möchte Herrn Schmitz offensichtlich in nichts nachstehen.

Aber Vorsicht: Ein zu starkes Konkurrenzdenken und eine zu starke auf Leistung ausgerichtete Struktur können auch rasch zur Überforderung bei den Pflegebedürftigen führen. Wenn die eigentlich auf Entspannung und Freude ausgelegten Aktivitäten plötzlich Stress auslösen, die Männer sich selbst zunehmend unter Erfolgsdruck setzen – dann ist das eigentliche Ziel Ihrer Bemühungen nicht erreicht: Wohlbefinden zu schaffen.

2

Im ungünstigsten Fall werden die »Verlierer« der Aktivität einen weiteren Abbau des Selbstbewusstseins verspüren. Daher ist hier stets auch das nötige Fingerspitzengefühl und im Zweifelsfall auch die »Notbremse« seitens des Personals gefragt.

2.2 Mehrere Sinne ansprechen und themenorientiert arbeiten

Bei der Aktivierung pflegebedürftiger Männer gilt natürlich auch das, was grundsätzlich in der Beschäftigungspraxis gilt: Sie sollten stets versuchen, verschiedene Sinnesebenen einzubeziehen. Dadurch steigern Sie die Aufmerksamkeit und zugleich die Chance, die Männer überhaupt zu erreichen.

© K.-U. Häßler – Fotolia.com

Nicht jeder Sinneskanal ist im Alter noch gleich gut erhalten. Darüber hinaus gibt es grundsätzliche Präferenzen: Manche Menschen erreichen Sie besser über visuelle Reize, andere sind eher taktil (also fühlend/tastend) oder motorisch einzubeziehen. Wenn Sie verschiedene Sinne zugleich ansprechen, wird die »Trefferwahrscheinlichkeit« höher. Hierdurch wird in aller Regel auch merklich der Einbezug demenzkranker Männer gefördert.

Darüber hinaus bietet es sich, an thematisch zu arbeiten. Wählen Sie ein für Männer interessantes Leitthema, unter dessen Motto Sie ein Bündel an Aktivitäten packen können.

Manchmal müssen Sie gar nicht lange suchen:
- Wenn eine Welt- oder Europameisterschaft im Fußball ansteht, können Sie dieses (im Übrigen nicht nur für Männer geeignete) Thema gut verwenden.
- Schließung von Industriezweigen wie Ende 2018 die Stilllegung der letzten Zeche »Prosper-Haniel« in Bottrop könnten Sie als Einleitung zu einem bunten Themennachmittag »Unter Tage« nutzen.
- Regionale Entwicklungen und Besonderheiten gilt es entsprechend zu beobachten und aufzugreifen.
- Auch die Männer selbst können Sie als »Ideenlieferanten« unterstützen. Fragen nach besonderen Interessen schaden nicht (genauso wenig wie der Blick ins Bewohnerzimmer: Fotos, Bilder etc. geben Auskunft über Vorlieben und Interessen).

3 Praxiserprobte Aktivierungs- und Beschäftigungsangebote für pflegebedürftige Männer

3.1 Vorabinformation zu den Aktivitäten

Auf den folgenden Seiten gebe ich Ihnen einige praxiserprobte Beispiele an die Hand, die sich in der Betreuung älterer Herren bereits bewährt haben. Es handelt sich um keine Patentrezepte – letzten Endes müssen Sie selbst abwägen, inwiefern Sie die einzelnen Maßnahmen in den Alltag Ihrer Pflegeeinrichtung integrieren können.

Info

Besprechen Sie Ihr Vorhaben, wenn Sie unsicher sind, ob Sie die Aktivität umsetzen können oder dürfen, in jedem Fall vorab mit Ihren Vorgesetzten. Jedes Haus hat unterschiedliche Anforderungen, Philosophien und Richtlinien. Stellt in der einen Einrichtung das Errichten einer Feuertonne beispielsweise kein Problem dar, kann es in anderen Häusern ein striktes Verbot geben. Dies habe ich regelmäßig in meinen Seminaren rückgemeldet bekommen.

Jedes Haus ist einzigartig und entsprechend verschieden – selbst wenn mehrere Häuser in gleicher Trägerschaft stehen, sagt dies noch nicht zwingend etwas über die gelebte Praxis in der jeweiligen Einrichtung aus. Also, im eigenen Interesse – fragen Sie nach, wenn Sie unsicher sind.

Zum Aufbau der Aktivierungsbeispiele

- Zunächst erfolgt eine kurze Zusammenfassung/Übersicht.
- Anschließend werden die Vorteile, die für die pflegebedürftigen Männer aus dem Beschäftigungsangebot entstehen, aufgeführt. Hier werden auch Bezüge zu den theoretischen Ausführungen im ersten Teil des Buches gezogen.
- Danach folgen Hinweise zu den konkreten Inhalten bzw. der Durchführung des Angebots.
- Besondere Hinweise und wichtige Informationen schließen die jeweilige Übersichtsseite ab.

> **Wichtig** **Sie tragen die Verantwortung**
>
> Die Beispiele, insbesondere die unter »Info« aufgeführten Hinweise, sind von mir mit großer Sorgfalt zusammengetragen worden. Die Rahmenbedingungen variieren naturgemäß einrichtungsindividuell und können nur durch die durchführenden Personen (ersatzweise deren Vorgesetzte) bewertet und verantwortet werden. Der Autor und die Schlütersche Verlagsgesellschaft übernehmen keine Haftung bei Unfällen, Sach- und/oder Personenschäden, die bei der Durchführung der aufgeführten Aktivitäten entstehen.

3

3.2 Ausflüge und Aktivitäten außerhalb von Pflegeeinrichtungen

Männer sind oft stärker nach außen orientiert als Frauen. Betreuungskräfte sollten männlichen Pflegebedürftigen daher regelmäßig kleine Ausflüge organisieren.

Vorteile:

- Die Aktivierung erfolgt, je nach Ausflugsziel, auf nahezu allen möglichen Sinneskanälen: kognitiv, auditiv, visuell, olfaktorisch, haptisch, motorisch, mitunter sogar gustatorisch (Geschmacksinn).
- Anknüpfung an Berufserfahrungen und »männertypische« Interessen.
- Alternativen zum »Tun« sind gegeben: Die Teilhabe, das »Dabeisein« steht bei derartigen Aktivitäten klar im Vordergrund.
- Ein Einbezug demenzkranker Männer ist sehr gut möglich.
- Je nach Ausflugsziel ist diese Aktivität kostenlos und belastet das Betreuungsbudget kaum. »Umsonst« ist sie aber keinesfalls: Man muss nicht immer Eintritt zahlen, um Männern einen schönen Tag zu bescheren.
- Sofern es an Begleitpersonal mangeln sollte: Viele Angehörige sind froh, wenn sie Ausflüge begleiten können. Das lindert auch Schuldgefühle und ein schlechtes Gewissen! Es tut gut, noch einmal eine schöne gemeinsame Zeit außerhalb der Mauern des Pflegeheims mit Vater, Onkel oder Opa zu verbringen.

Tab. 6: Ausflugsziele für Männer

Aktivität	Was »Mann« hier tun kann	Hinweise
Besuche von Werkstätten	• Erfahrungsaustausch mit den Arbeitern vor Ort • Erleben der Atmosphäre • Vergleich bzw. Gespräche über Arbeitswelt heute/früher	Mögliche Anlaufstellen: • Schreinerei • Schlosserei • Sägewerk • Autowerkstatt • Gärtnerei
Besuch eines Autohauses	• Fachsimpeln • Erkunden • Vergleich Autos früher und heute	Eventuell können biografieorientierte Gespräche initiiert werden, Impulsfragen könnten sein: • »Was war früher an den Autos besser?« • »Haben Sie Ihr Auto früher selbst repariert?« • »Welche Autos genossen immer schon einen guten Ruf?«
Besuch einer Fachmesse	• Erfahrungsaustausch mit den Messevertretern vor Ort • Erleben der Atmosphäre • Vergleich bzw. Gespräche über Entwicklungen heute/früher	Bei der Wahl der Messe sollten der berufliche Hintergrund und die jeweilige Biografie bzw. die Vorlieben der Männer beachtet werden. • Baumesse (z. B. »regionale Fachmessen/Ausstellungen«) • Größere Themenmessen (z. B. »Jagd und Hund«) • Technologiemessen (z. B.»IFA Berlin«)
Besuche von Museen/ Sonderausstellungen	• Auseinandersetzung mit der eigenen Zeitgeschichte • Befriedigung kultureller Interessen	Erfahrungsgemäß gut geeignet sind Museen, die einen Bezug zur beruflichen Rolle des Mannes nehmen, beispielsweise: • Deutsches Bergbau-Museum Bochum • Industriemuseen des LVR • DASA – Arbeitswelt Ausstellung Ebenfalls gut geeignet sind Museen, die sich an die Hobbys der Männer anlehnen: • Deutsches Fußballmuseum In vielen Städten finden immer wieder Sonderausstellungen zur Stadt-/Industriegeschichte statt oder Tage der Offenen Tür, des Offenen Denkmals etc.

3

Aktivität	Was »Mann« hier tun kann	Hinweise
Besichtigung alter Werksgelände und Fabriken	• Fachsimpeln • Erkunden • Auseinandersetzung mit der eigenen beruflichen Rolle • Erleben der Atmosphäre	Recherchieren Sie im Internet, welche Möglichkeiten sich in Ihrem regionalen Umfeld bieten. Im Ruhrgebiet z. B. ist traditionell der Bergbau ein großes Thema. Zahlreiche nicht mehr betriebene Zechengelände laden zu Besichtigungen ein, z. B.: • Landschaftspark Duisburg-Nord • Zeche Zollverein Essen
Besuche einer Hafenanlage/ Schiffshebewerk etc.	• Fachsimpeln • Erkunden • Erleben der Atmosphäre	Besonders Männer mit Interesse an imposanter Technik werden Sie zu einem solchen Ausflug motivieren können: • Schiffshebewerk • Besuch einer Schiffsschleuse, ggf. in Verbindung mit einer Schleusenrundfahrt • Hafenbesichtigungen
Stöbern im Baumarkt	• Fachsimpeln • Erkunden • Erleben der Atmosphäre • Erfahrungsaustausch mit den Mitarbeitern vor Ort • Auseinandersetzung mit der eigenen beruflichen Rolle	Ein Baumarkt stellt eine Unmenge an stimulierenden Reizen zur Verfügung. Von Werkstoffen wie Holz über große Maschinen – hier findet sich alles, was das Männerherz begehrt. Weibliches Betreuungspersonal darf hier das starke Geschlecht auch aktiv um Rat fragen und Unterstützung bei der Suche nach der richtigen Schraube oder dem passenden Dübel, z. B. für ein zu Hause aufzuhängendes Bild, bitten. Sie werden erstaunt sein, welche Fachkenntnis die Herren besitzen!
Feierabendbier in der Kneipe um die Ecke	• Atmosphäre • Biografiebezug • Männergerechte Kommunikation	Bitte beachten Sie in jedem Fall bekannte Abhängigkeiten. Für Bewohner mit bekannter Abhängigkeitsproblematik ist die Aktivität nicht geeignet. Klären Sie in jedem Fall vorab mit Ihrer Leitung, wie diese grundsätzlich zum Thema »Alkohol an Pflegebedürftige« steht – hier existieren in der

Aktivität	Was »Mann« hier tun kann	Hinweise
		Praxis völlig unterschiedliche Haltungen. In jedem Fall sollten mögliche Unverträglichkeiten mit Tabletten berücksichtigt werden, sofern die Männer solche einnehmen.
Gemeinsames Angeln in den frühen Morgenstunden	• Erleben der Atmosphäre • Das Wetter und die Natur genießen (selbst bei Regen) • Männergerechte Kommunikation (Schweigen)	In meinen Seminaren lernte ich Teilnehmer kennen, die über den Arbeitgeber einen Angelschein bezahlt bekamen und nun regelmäßig mit männlichen Bewohnern an einem Teich fischen. Die Männer genießen die Ruhe, endlich wird mal nicht »gequatscht«. Die Aktivität braucht keine Worte. Hauptsache, man ist in der Natur. Schlechtes Wetter gibt es ja bekanntlich nicht: Nur falsche Kleidung.
Fußballspiel ansehen	• Erleben der Atmosphäre • Männergerechte Kommunikation • Anlehnung an persönliche Hobbys und Interessen • Ausleben des rollentypischen Konkurrenzverhaltens auf sportlicher Ebene	Es muss nicht immer ein Proficlub sein, wenngleich die Atmosphäre in einem mit 60.000 – 80.000 Menschen gefüllten Stadion natürlich ungleich fesselnder und begeisternder ist. Jeder Bundesliga-Club engagiert sich intensiv für Behinderte oder pflegebedürftige Menschen. Wenden Sie sich per E-Mail an den Verein Ihrer Wahl und schildern Sie Ihren Wunsch, das Stadion gemeinsam mit älteren pflegebedürftigen Männern bei einem Heimspiel zu besuchen. Erfahrungsgemäß werden Sie mit großer Wahrscheinlichkeit eine Antwort (die allerdings etwas dauern kann) erhalten. Für kleines Geld (meist handelt es sich um eine Schutzgebühr von unter 20 €) wird den alten Herren und einer Begleitperson so der Stadionbesuch »in der ersten Reihe«, unmittelbar am Spielfeldrand, ermöglicht.

3

Aktivität	Was »Mann« hier tun kann	Hinweise
		Alternative: Jede Stadt, jedes Dorf, hat Jugendvereine, die in einer unterklassigen Liga kicken. Nehmen Sie die Herren mit zu einem solchen Spiel – meist muss noch nicht einmal Eintritt gezahlt werden und die Emotionen kochen trotzdem hoch. Denn, frei nach Adi Preißler (deutscher Fußballspieler und -trainer): »Entscheidend is auf´m Platz«.
Stadionbesichtigung	• Erleben der Atmosphäre • Männergerechte Kommunikation • Anlehnung an persönliche Hobbys und Interessen	Sportstätten besitzen große Strahlkraft und sind damit ein interessantes Ausflugsziel für viele Männer. Unter sachkundiger Führung kann man in die Bereiche Einblick nehmen, die normalerweise verschlossen bleiben, z. B.in das »Allerheiligste«, die Umkleidekabine, gehen oder stilecht mit Einlaufmusik den Weg aus den Katakomben eines Stadions bis vor die Tribüne gehen – was normalerweise den Profikickern vorbehalten ist.
Tanztee	• Kavalierverhalten, die »alte Schule« ausleben • Förderung der Mobilität • Emotionale Entlastung	Zugegeben: Nicht alle Männer sind begeisterte Tänzer und es kommt schon stark auf die Mobilität des starken Geschlechts an, ob man sich auf diesen Ausflug einlassen möchte oder nicht. Wer den Ausflug und auch ein Tänzchen wagt, kann allerdings das anerzogene Rollenselbstbild bis zur »Perfektion« erfüllen. Schüchtern sein war schließlich in früheren Jahren verpönt. Beim Tanztee kann man(n) die Damen höflich auffordern und sich von der charmantesten und besten Seite zeigen. ...und wer weiß – vielleicht lernt man ja tatsächlich noch eine nette Seniorin kennen, mit der man auch künftig das Tanzbein schwingen möchte.

Aktivität	Was »Mann« hier tun kann	Hinweise
Spazier-gänge in der Natur	<ul><li>Das Wetter und die Natur genießen (selbst bei Regen)</li><li>Biografieorientierung</li><li>Männergerechte Kommunikation (Schweigen)</li><li>Förderung der Mobilität</li><li>Emotionale Entlastung</li></ul>	Dieser Ausflugstipp ist ein »Klassiker«: In früheren Zeiten, in denen Fernreisen noch unbezahlbar waren und die Wochen zudem meist prall mit beruflichen Verpflichtungen gefüllt, zog es viele Männer mit ihren Familien am Wochenende regelmäßig zu Spaziergängen und Picknicks heraus in die Natur. Die positiven Auswirkungen von Bewegung sind bekannt. Selbst das Risiko, an einer Demenz zu erkranken, kann hierdurch deutlich gesenkt werden, wie in entsprechenden Studien* nachgewiesen wurde.

*   Vgl. Gelber RP, Launer LJ, White LR (2012): The Honolulu-Asia Aging Study: epidemiologic und neurophathologic research on cognitive impairment. In: Curr Alzheimer Res. 2012, Nr. 6, S. 664ff.

Tipp

- Bei allen Beispielen empfiehlt es sich, dass zumindest eine der Begleitpersonen mit Grundlagen der »Ersten Hilfe« vertraut ist.
- Für Notfälle sollten Sie auf Ausflugsfahrten zudem stets ein Handy dabei haben, mit dem im Bedarfsfall Hilfe gerufen werden kann.
- Sollten Männer während des Ausflugs Medikamente einnehmen müssen, ist dringend anzuraten, eine Pflegekraft mitzunehmen. Dies bietet sich ohnehin an, schon für ggf. erforderliche Toilettenbegleitungen.
- Denken Sie an wetterfeste Kleidung – wenn Regenwetter am Angelteich aufzieht, ist der Ausflug sonst rascher beendet, als er begann.

- Darüber hinaus gilt es bei der Kleidung auch andere Aspekte außer den rein funktionalen zu beachten: Auch Männern ist es nicht egal, was sie anhaben. Kleidung trägt zum Wohlgefühl bei. Beim Stadionbesuch sollte daher auch der Fanschal des favorisierten Fußballvereins nicht fehlen!
- Wenn Sie größere Ausflüge planen, empfiehlt es sich, früh genug potenziellen Begleitpersonen wie Angehörigen, Freunden, ehemaligen Nachbarn, früheren Arbeitskollegen oder Vereinsfreunden den Termin mitzuteilen, damit diese sich den Tag freihalten können. Falls es in Ihrem Haus eine Heimzeitung oder einen Informations-Newsletter gibt, könnte in diesen gezielt darauf hingewiesen und um Begleitpersonen geworben werden.

3

3.3   Der neue Assistent des Hausmeisters

Jede Pflegeeinrichtung, egal ob es sich um ein stationäres Altenheim, eine Tagespflege oder um eine alternative Wohnform handelt, hat einen Hausmeister. Wenn Sie die Senioren in einige der facettenreichen Botengänge und Arbeitsabläufe einbeziehen, ermöglichen Sie den alten Männern, ihre Berufserfahrung einzubringen.

Alternativ könnten Teilbereiche der genannten Beispiele auch durch eine (idealerweise männliche) Betreuungskraft im Rahmen einer Einzelbetreuung durchgeführt werden.

Vorteile:
- Aktivierung erfolgt auf diversen Sinneskanälen: kognitiv, auditiv, visuell, olfaktorisch (Geruchssinn, z. B. aktiviert bei Arbeit mit Schiermitteln, Werkstoffen etc.), motorisch (Förderung der Mobilität).
- Anknüpfung an praktische Berufserfahrungen im Handwerk und im Heimwerken.
- Anknüpfung an das »beste Freunde«-Schema. Kurzzeitige »Flucht« aus der Frauenumwelt.

© Aycatcher - Fotolia.com

- Männergerechte Kommunikation
- Alternativen zum »Tun« sind gegeben: Auch wenn der alte Herr selbst nicht mehr aktiv mithelfen kann, so kann er dennoch teilhaben. Ggf. gibt er »Tipps aus dem Hintergrund«. Schon allein das »Dabeisein« und Fachsimpeln tut oftmals gut.
- Organisations- und Entscheidungskompetenz wird gefördert (bei Einbezug in Bestandskontrollen, Abarbeitung von Checklisten etc.).
- Bei regelmäßigem Einbezug, z. B. wöchentlich wiederkehrenden Aufgaben, wird die Tagesstruktur gefördert, dies vermittelt den Männern Sicherheit und das Gefühl, gebraucht zu sein.
- Je nach Aufgabenfeld ist auch ein Einbezug demenzkranker Männer möglich.

Beschäftigungsmöglichkeiten
- Beim Aufhängen von Bildern oder Wechseln von Glühbirnen behilflich sein (z. B. durch das Halten der Leiter).
- Unterstützung bei der regelmäßigen Wartung von Firmenfahrzeugen, beispielsweise durch Auffüllen von Wischwasser oder Überprüfung des Ölstands.

- Hilfe bei diversen Hol- und Bringediensten, z. B.:
  - wöchentliches Abholen von Altpapier aus den Wohnbereichen,
  - Unterstützung bei der Müllentsorgung (ggf. Schutzausrüstung wie schnittfeste Handschuhe etc. zur Verfügung stellen!),
  - Mithilfe bei der Wasserverteilung,
  - Tageszeitungen täglich morgens am Empfang abholen und in die Wohnbereiche verteilen,
  - Mithilfe bei der Verteilung von Inkontinenz- und Pflegeprodukten aus den Lagerräumen in die Wohnbereiche,
  - Unterstützung beim Laub fegen im Herbst, bei der Schneeräumung oder dem Streuen von Salz im Winter.

3

Info

- Es muss im Vorfeld eine Festlegung der vom jeweiligen Mann nutzbaren Werkzeuge in Abstimmung mit dem Pflege- und Betreuungspersonal erfolgen. Die besondere Situation demenzkranker Menschen ist hierbei zu beachten.
- Gefahrengeneigte Tätigkeiten werden von den Pflegebedürftigen zu keiner Zeit ausgeführt. Die Sicherheit der Männer ist stets gewährleistet, sie »arbeiten« unter Beaufsichtigung (Ausnahme: leichte Botengänge).
- Bei körperlicher Tätigkeit wird darauf geachtet, dass die Senioren sich nicht verausgaben und gesundheitliche Grenzen nicht überschritten werden.
- Es dürfen keine unrealistischen Anspruchshaltungen hieraus erwachsen: So wird es niemals in die Verantwortung eines pflegebedürftigen Mannes fallen, für die morgendliche Schneeräumung der Zufahrt zum Pflegeheim zu sorgen. Es steht nicht die Unterstützungsleistung an sich, sondern der hieraus resultierende therapeutische Nutzen (= einer sinnvollen Beschäftigung nachzugehen) für die älteren Herren im Vordergrund.

3.4   Gemeinsames »Schrauben«

Viele ältere Herren waren in einem mechanischen Gewerbe tätig – vom Schlosser bis zum KFZ-Mechaniker. Sofern die motorischen Fähigkeiten zumindest einiger Männer es noch zulassen und sie die Tätigkeit noch immer mit großer Freude erfüllt, könnten Sie sich ein »Projekt«, vielleicht sogar auf zwei Rädern, in den Werkraum holen...

Vorteile:
- Aktivierung erfolgt auf diversen Sinneskanälen: kognitiv, visuell, olfaktorisch (z. B. Ölgeruch), haptisch, motorisch.
- Ergebnisorientierte Beschäftigung, d.h. die Männer sehen die Erfolge ihrer Tätigkeit, können diese, im wahrsten Sinne des Wortes, begreifen.
- Je nach Wahl des Projekts können die Schwierigkeitsgrade an die Kompetenzen der Männer angepasst werden.
- Anknüpfung an praktische Berufserfahrungen.

© Sebastian Nußbaum – Fotolia.com

- Anknüpfung an das »beste Freunde«-Schema. Kurzzeitige »Flucht« aus der Frauenumwelt.
- Männergerechte Kommunikation (zumindest bei rein männlich besetzten Gruppen).
- Alternativen zum »Tun« sind gegeben: Auch wenn der alte Herr selbst nicht mehr aktiv mithelfen kann, so kann er dennoch »teilhaben«. Ggf. gibt er »Tipps aus dem Hintergrund«. Schon allein das »Dabeisein« und Fachsimpeln tut oftmals gut.
- Organisations- und Entscheidungskompetenz sowie Gedächtnisleistung wird gefördert (nach Demontage neuerlicher Zusammenbau in der korrekten Reihenfolge).
- Materielle Anschaffungskosten sind in der Regel günstig.
- Einbezug demenzkranker Männer (je nach Schweregrad und konkreter Tätigkeit) ist möglich, z. B. zum Säubern von Teilen mit einem Tuch oder bei der Sortierung von Schrauben etc.

Durchführung:
- Im Idealfall steht Ihnen ein Werkraum in Ihrer Einrichtung zur Verfügung, da bei der Arbeit mit mechanischen Teilen auch Öl und sonstige Schmierstoffe zur Anwendung kommen, die einem Raum (besonders dem Fußboden) ganz schön zusetzen können. Darüber hinaus sind Sie in einem Werkraum von der Witterung unabhängig. Ansonsten besteht natürlich jederzeit die Option, die Aktivität im Außenbereich der Einrichtung durchzuführen.
- Eine Werkbank, Schraubzwingen, Hämmer, Schraubschlüssel, diverse Schraubendreher, Schutzbrillen, Schutzhandschuhe, Maßbänder/Zollstöcke, Schmierstoffe und weitere benötigte Teile sollten zur Grundausrüstung gehören und im Vorfeld angeschafft werden.
- Die Person, die die Aktivität mit den Männern durchführt, sollte ein gewisses Maß an mechanisch-handwerklich-technischem Geschick mitbringen.

3.4.1 Projektvorschlag

Warum nicht einfach ein altes, nicht mehr fahrbereites Mofa oder ein Moped in den Schuppen hinter der Einrichtung packen und dort gemeinsam wöchentlich mit den älteren Herren daran schrauben?

Wenn kein Zweirad zur Hand ist, können Sie auch einen defekten Rasenmäher besorgen oder weitere Geräte, die man auseinandernehmen und wieder zusammensetzen kann. Getreu dem Motto: »Der Weg ist das Ziel«.

Durch das »Schrauben« werden die männlichen Bewohner auf verschiedenen Sinneskanälen aktiviert. Die Motorik wird ebenso trainiert wie kognitive Abläufe (insbesondere Konzentrationsfähigkeit). Zudem bietet sich auch Männern, die nicht mehr aktiv mithelfen können (oder wollen) die Möglichkeit, »aus dem Hintergrund« Ratschläge beizusteuern – und sich allein hierdurch schon wieder gebraucht zu fühlen.

Es geht nicht vorrangig darum, einen Motor wieder ans Laufen zu bringen. Das wäre bei dieser Aktivität nicht die Pflicht, sondern die Kür. Der gemeinsame Austausch in der Männergruppe, das Zusammengehörigkeitsgefühl und die Möglichkeit, so zu reden, wie man es eben unter Seinesgleichen tut – das sind die wichtigen Aspekte dieser Beschäftigungseinheit.

In den Kleinanzeigen in der Tageszeitung werden Sie auf der Suche nach geeigneten Gerätschaften (Mofas etc.) rasch und für kleines Geld fündig. Regelmäßig werden hier Zweiräder für Bastler zum Schnäppchenpreis angeboten. Ansonsten werden Sie sicherlich auf dem Schrottplatz Erfolg haben – und wenn Sie dem Händler gegenüber erwähnen, was Sie vorhaben, gewährt er Ihnen vielleicht noch einen Nachlass, da es für einen guten Zweck ist. (Sie könnten sich auch in der Heimzeitung unter Namensnennung des Händlers für dessen Hilfe bedanken).

Info
- Gesundheitliche Gefahren und Risiken müssen minimiert werden.
- Beachten Sie unbedingt auch diesbezügliche innerbetriebliche Vorgaben wie Hinweise zum vorbeugenden Brandschutz etc.

- Es muss im Vorfeld eine Festlegung der vom jeweiligen Mann nutzbaren Werkzeuge in Abstimmung mit dem Pflege- und Betreuungspersonal erfolgen. Die besondere Situation demenzkranker Menschen ist hier entsprechend zu beachten.
- Gefahrengeneigte Tätigkeiten werden von den Pflegebedürftigen zu keiner Zeit ausgeführt. Die Sicherheit der Männer ist stets gewährleistet, sie »arbeiten« unter Beaufsichtigung.
- Bei körperlicher Tätigkeit wird darauf geachtet, dass die Senioren sich nicht verausgaben und gesundheitliche Grenzen nicht überschritten werden.

3

3.5   Arbeiten mit Beton

Kurz vor meinem Studium überbrückte ich einige Monate als Hilfskraft auf dem Bau. In dieser Zeit stellte ich fest, welchen immensen Stellenwert »Beton« im Bauwesen hat. Wie der Mann, so ist auch »Beton« hart, unnachgiebig, stark. Beton und Armierung – allein wenn solche Worte fallen, wird der alte Mann zum »aktiven Macher«.

Was liegt da näher, als diesen Baustoff, der ganz nach dem Geschmack des starken Geschlechts ist, auch im Rahmen unserer Beschäftigungsaktivitäten einzusetzen?

Vorteile:
- Aktivierung erfolgt auf diversen Sinneskanälen: kognitiv, visuell, olfaktorisch, haptisch, motorisch.
- Ergebnisorientierte Beschäftigung, d.h. die Männer sehen die Erfolge ihrer Tätigkeit, können diese, im wahrsten Sinne des Wortes, greifen.
- Je nach Wahl des Projekts können die Schwierigkeitsgrade an die Kompetenzen der Männer angepasst werden.
- Förderung der Gemeinschaft.
- Anknüpfung an und Einbringen von praktische(n) Berufserfahrungen.
- Anknüpfung an das »beste Freunde«-Schema.

- Kurzzeitige »Flucht« aus der Frauenumwelt.
- Männergerechte Kommunikation (zumindest bei rein männlich besetzten Gruppen).
- Alternativen zum »Tun« sind gegeben: Auch wenn der alte Herr selbst nicht mehr aktiv mithelfen kann, so kann er dennoch teilhaben. Ggf. gibt er »Tipps aus dem Hintergrund«. Schon alleine das »Dabeisein« und Fachsimpeln tut oftmals gut.
- Kostengünstige und zudem leicht durchführbare Aktivität.

Durchführung:

- Im Idealfall steht Ihnen ein Werkraum in der Einrichtung zur Verfügung, damit Sie von der Witterung unabhängig sind. Ansonsten besteht natürlich die Option, die Aktivität im Außenbereich der Einrichtung durchzuführen.
- An Materialien benötigen Sie passende Gussformen, einen Eimer, Handschuhe, einfaches Speiseöl, einen Pinsel, einen Spachtel und Schutzunterlagen.

Tipp
Gussformen finden Sie in Online-Shops. Auf der Internetseite
www.beton-deko.de erhalten Sie z. B. zahlreiche Tipps und Tricks
sowie diverse Anleitung zum Thema. Auch ein kostenloser
»Beton-Mischungs-Rechner« steht hier online zur Verfügung.

- Für einen halben Zentnersack Beton zahlen Sie im Baumarkt unter 5
  Euro. Wenn Sie die jeweiligen Gussformen mit Wasser füllen, können
  Sie errechnen, wie viel Beton Sie insgesamt benötigen – das jeweilige
  Mischverhältnis steht auf der Verpackung.
- Geben Sie das Wasser in den Eimer, dann vermischen Sie Wasser und Be-
  ton darin, bis die gewünschte Konsistenz erreicht wurde.
- Befüllen Sie nun die Gussformen und machen Sie den Anrühr-Eimer zü-
  gig sauber, bevor der Beton anzieht (= sich verfestigt).
- Nach 24 Stunden können Sie den Beton aus den Gussformen entfernen,
  dann ist er ausgehärtet und das »Werk vollendet«.

Info
- Beachten Sie auf jeden Fall die Sicherheitsvorschriften
- Es muss im Vorfeld eine Festlegung der vom jeweiligen Mann
  nutzbaren Werkzeuge in Abstimmung mit dem Pflege- und Betreuungspersonal erfolgen. Die besondere Situation demenzkranker Menschen gilt es entsprechend zu beachten.
- Gefahrengeneigte Tätigkeiten werden von den Pflegebedürftigen
  zu keiner Zeit ausgeführt. Die Sicherheit der Senioren ist stets gewährleistet, sie »arbeiten« unter Beaufsichtigung.
- Bei körperlicher Tätigkeit wird darauf geachtet, dass die Männer
  sich nicht verausgaben und gesundheitliche Grenzen nicht überschritten werden.

© drubig-photo – Fotolia.com

3.6   Gartenarbeit

Der heimische Garten war für viele der Ort, an dem man(n) sich von beruflichen Strapazen erholte. Wer kein Eigenheim besaß und zur Miete wohn-
te, sicherte sich häufig eine Hütte in einer Kleingartenanlage. Sie wissen ja:
Vereinswesen ist die Fortführung des früheren Kameradschaftsgedankens
alter Herren. Auch den Urlaub verbrachte man gerne im Garten. Wie oft habe
ich meine Eltern früher sagen hören »Ja, wir verreisen diesen Sommer. Nach
Balkonien!« Viele Männer der damaligen Generation hatten einen grünen
Daumen und gingen mit generalstabsmäßiger Planung an die Gestaltung
der Gartenanlage.

Vorteile:
- Aktivierung erfolgt auf diversen Sinneskanälen: visuell, olfaktorisch,
  haptisch, motorisch (Förderung der Mobilität), gustatorisch (natürlich
  muss auch mal probiert werden, was der Garten an Beeren und derglei-
  chen mehr hergibt...).
- Ergebnisorientierte Beschäftigung, d. h. die Männer sehen unmittelbar die
  Erfolge ihrer Tätigkeit, ziehen Selbstbewusstsein aus der Produktivität.

- Anknüpfung an die eigene Biografie, Aufgreifen des erlernten Wissens zur Gartenpflege.
- Ausleben der Naturverbundenheit.
- Förderung der Feinmotorik.
- Möglichkeit körperlicher Arbeit deckt sich mit dem Bestreben der Männer nach Stärke und Kraft.
- Einbezug demenzkranker Männer (je nach Tätigkeit) möglich.
- Mögliche Inhalte:
  - Für Männer, die noch körperlich fit sind, eigenen sich Angebote wie etwa Rasen mähen, Hecken schneiden, Laub zusammenharken und ähnliches.
  - Die Anlage von Hochbeeten ist empfehlenswert, da diese auch von Rollstuhlfahrern und körperlich eingeschränkten Menschen genutzt werden können.

3

Info

- Es muss im Vorfeld eine Festlegung der vom jeweiligen Mann nutzbaren Werkzeuge in Abstimmung mit dem Pflege- und Betreuungspersonal erfolgen. Die besondere Situation demenzkranker Menschen ist hier entsprechend zu berücksichtigen.
- Achten Sie darauf, dass keine giftigen Pflanzen im Garten wachsen. Es kann nicht ausgeschlossen werden, dass demenzkranke Männer Pflanzenteile auch mal in den Mund nehmen oder sogar verschlucken. Außerdem besteht ggf. eine Gefahr für Kinder von Besuchern oder für in der Pflegeeinrichtung lebende (oder zu Besuch kommende) Tiere.
- Gefahrengeneigte Tätigkeiten werden von den Pflegebedürftigen zu keiner Zeit ausgeführt.
- Bei körperlicher Tätigkeit wird darauf geachtet, dass die Senioren sich nicht verausgaben und keine gesundheitlichen Grenzen überschritten werden.
- Es dürfen keine unrealistischen Anspruchshaltungen an den Mann gestellt werden. Es ist schön, wenn er den Garten pflegt, aber er ist kein Angestellter Ihrer Einrichtung, von dem Sie es einfordern können.

3.7   Feuerstelle anlegen und Grillen

»Messer, Schere, Gabel, Licht, sind für kleine Kinder nicht«. Dieses Sprichwort begleitete uns seit der frühen Kindheit. Licht oder auch »Feuer« strahlen seit jeher eine besondere Faszination aus – nicht ausschließlich, aber besonders, auf die Jungen. Die wohl größte Sorge einer Mutter war es, dass die Kinder mit Streichhölzern spielen und »zündeln«.

Feuer strahlt auch auf die alten Männer noch einen großen Reiz aus. Was liegt also näher, als eine Feuerstelle zu errichten oder einen Grillnachmittag gemeinsam mit den Männern zu gestalten?

Vorteile:
- Aktivierung erfolgt auf diversen Sinneskanälen: auditiv (Knistern des Feuers), visuell (Beobachten der Flammen), olfaktorisch (Geruch des verbrannten Holzes), affektiv (Gefühlsebene), motorisch (Förderung der Mobilität sofern Unterstützung bei Vorbereitung).

© denchat – Fotolia.com

- Der Schein des Feuers beruhigt selbst agitierte, d.h. sehr aufgewühlte Pflegebedürftige.
- Feuer ist archaisch, hier kann der Mann »ganz Mann« sein. (Denken Sie kurz an Tom Hanks und seine Rolle des Chuck Noland, der im Film »Cast Away – Verschollen«[20] auf einer unbewohnten Insel im Pazifischen Ozean strandet: Nachdem er ein Feuer entzündet hat springt er auf und trommelt wie wild auf seiner Brust herum).
- Ideal für wortkarge Männer, denn am Feuer wird nicht viel geredet, es geht um das Schauspiel an und für sich.
- Bei Veranstaltung eines Grillnachmittags ist der Mann wieder in der ihm wohlvertrauten Rolle des Versorgers und fühlt sich hierdurch gestärkt und wohl.
- Einbezug demenzkranker Männer ist möglich, da die bloße Anwesenheit »ausreicht« und keine weiteren Anforderungen an diese gestellt werden (bitte die Hinweise unter »Info« beachten!)

Durchführung:
Variante »Feuerkorb/Feuertonne«
- Grundvoraussetzung ist eine befestigte, nicht brennbare Unterfläche im Außenbereich Ihrer Einrichtung.
- Stellen Sie einen Feuerkorb/Feuertonne (im Baumarkt erhältlich ab ca. 25–30 Euro) auf die Stellfläche.
- Gemeinsam mit den Männern kann im Vorfeld Holz gesammelt, je nach gesundheitlichen Möglichkeiten auch gemeinsam gespalten und aufge-schichtet werden. (Bitte Hinweise unter »Info« beachten!)
- Zünden Sie das Feuer an und lassen Sie die Atmosphäre auf sich und die Bewohner wirken.
- Optional könnte musikalische Begleitung angeboten werden, z. B. Akus-tikgitarre. Dies bringt »Lagerfeuerromantik« in den Garten Ihrer Ein-richtung und unterstützt die affektive Reizebene. Wenn die Männer Lie-der nicht mitsingen möchten, ist dies zu akzeptieren, solange die Musik ihnen offenkundig gefällt. Sobald die Herren Ihnen signalisieren, dass die Gitarre eher stört, hören Sie mit dem Musizieren auf.

---

[20] »Cast Away – Verschollen« (Originaltitel: »Cast Away«), 20th Century Fox und DreamWorks, 2000 (Regie: Robert Zemeckis)

- Wenngleich am Feuer in der Regel geschwiegen wird, können sich biografisch angelehnte Gespräche ergeben. Gehen Sie auf entsprechende biografische Signale, die die Männer Ihnen geben, ein.

Variante »Grillfeier«
- Der Grundablauf entspricht der »Variante Feuerkorb/Feuertonne«.
- Bei einem Grillnachmittag können Sie auch die Damen des Hauses gut beteiligen. Viele Männer genießen die Anwesenheit der älteren Frauen sehr. Besonders natürlich, wenn sie der »Hahn im Korb« sind.
- Hier können Sie die klassische Rollenverteilung bewusst aufgreifen: »Die Männer kümmern sich um den Grill, die Damen bereiten Speisen vor«.

Variante »Fackeln«
Als weitere Variante könnten Sie den Männern Fackeln aushändigen und einen abendlichen Spaziergang oder Spazierfahrt (für Rollstuhlfahrer) unternehmen. Ich habe dies häufiger, gerade in der Winterzeit, mit Bewohnern unternommen und es war jedes Mal eine tolle, sehr emotionale Atmosphäre, die auf sehr positive Resonanz gestoßen ist.

Info
- Beachten Sie auf jeden Fall das Brandschutzkonzept Ihrer Einrichtung und stimmen Sie sich vor der Durchführung grundsätzlich mit Ihren Vorgesetzten, ggf. auch mit ihrem Brandschutzbeauftragten, ab.
- Das Feuer muss stets unter Aufsicht eines Mitarbeiters bleiben.
- Wenn die Aktivität beendet wird, muss das Feuer gelöscht werden. Beim natürlichen Ausbrennen eines Lagerfeuers kann es hilfreich sein, mit einem Stock Holz und Asche aufzulockern, sodass diese gleichmäßiger verbrennen können. Alternativ sollten Sie mit Wasser löschen. Suchen Sie anschließend den Bereich um das Feuer nach möglichen Funken oder Glut ab, die womöglich aus der Feuerstelle entwichen sind.

- Denken Sie daran, dass es in der freien Natur abends schnell kühler werden kann – legen Sie im Vorfeld Decken parat, um die Gruppenteilnehmer hiermit wärmen zu können.
- Es muss im Vorfeld eine Festlegung der zumutbaren Belastungen und der vom jeweiligen Mann nutzbaren Werkzeuge in Abstimmung mit dem Pflege- und Betreuungspersonal erfolgen. Den krankheitsbedingten Einschränkungen demenzkranker Menschen ist hier besonderes Rechnung zu tragen.
- Insbesondere beim etwaigen Spalten von Holz (also Benutzung einer Axt) müssen erhebliche Sicherheitsvorkehrungen (Schnittschutz etc.) zum Schutz der Männer getroffen werden.

3

3.8 Arbeiten mit Holz

Kaum ein Rohstoff wird so unmittelbar mit der Natur in Verbindung gebracht wie Holz. Holz bietet eine Vielzahl an Verarbeitungsmöglichkeiten. Es ist flexibel und widerstandsfähig, zugleich aber auch gesundheitlich verträglich. Die Anschaffungskosten halten sich in Grenzen und häufig tragen sich die Aktivitäten finanziell sogar von selbst.

Vorteile:
- Aktivierung erfolgt auf diversen Sinneskanälen: kognitiv, visuell, olfaktorisch, haptisch (Holz in die Hand nehmen, bearbeiten), motorisch (Förderung der Mobilität).
- Auch Holz hat etwas rein Natürliches, Archaisches an sich. Wo mit Motorsäge, Axt und Hobel gewerkelt wird, fühlt man(n) sich wohl.
- Ergebnisorientierte Beschäftigung, d. h. die Männer sehen die Erfolge ihrer Tätigkeit, können diese, im wahrsten Sinne des Wortes, greifen.
- Es können so vielfältige Dinge mit Holz gebaut werden, dass die Schwierigkeitsgrade angepasst werden können.
- Anknüpfung an praktische Berufserfahrungen im Handwerk und im Heimwerken. Zudem biografische Kindheitserinnerungen, z. B. bei Laubsägearbeiten.

© contrastwerkstatt – Fotolia.com

- Anknüpfung an das »beste Freunde«-Schema. Kurzzeitige »Flucht« aus der Frauenumwelt.
- Männergerechte Kommunikation (zumindest bei rein männlich besetzten Gruppen).
- Alternativen zum »Tun« sind gegeben: Auch wenn der alte Herr selbst nicht mehr aktiv mithelfen kann, so kann er dennoch »teilhaben«. Ggf. gibt er »Tipps aus dem Hintergrund«. Schon alleine das »Dabeisein« und Fachsimpeln tut oftmals gut.
- Organisations- und Entscheidungskompetenz wird gefördert (bei Bau nach einer Anleitung als Vorlage etc.).
- Die Anschaffungskosten sind in der Regel sehr moderat.
- Einbezug demenzkranker Männer (je nach Schweregrad und Tätigkeit) möglich.

Durchführung:
- Hier kommt es natürlich darauf an, was genau Sie bauen möchten. Laubsägearbeiten sind sehr einfach gehalten, das Verletzungsrisiko ist relativ gering. Da viele Männer bereits seit der Kindheit mit Laubsägen hantierten, ist hiermit häufig auch eine positive biografische Erinnerung verbunden.
- Bei einfachen Motiven, die sich leicht aussägen lassen, stellen sich schnell Erfolgserlebnisse ein.
- Auch das Budget wird nicht überlastet, denn die Anschaffungskosten für eine Laubsägekiste mit Zubehör halten sich in Grenzen (ca. 30–50 Euro).
- Im Idealfall steht Ihnen ein Werkraum in der Einrichtung zur Verfügung, in dem Sie auch Materialien wie Holzplatten, Werkzeuge etc. einlagern können.
- Als »Grundausrüstung« sollten eine Werkbank, Laubsäge, Stichsäge, Hobel, Schraubzwingen, Hämmer, Feilen, Schutzbrillen, Schutzhandschuhe, Maßbänder/Zollstöcke und Schraub- und Drechselwerkzeuge vorhanden sein.
- Die Person, die die Aktivität mit den Männern durchführt, sollte ein gewisses Maß an handwerklichem Geschick mitbringen.

- Recherchieren Sie im Internet[21] nach Bauplänen. Es finden sich viele praxisbewährte und kostenlose Bauanleitungen, zum Beispiel für Laubsägearbeiten, dort.
- Ein Klassiker ist der Bau von Vogelhäusern. Hier können Sie entweder ebenfalls nach passenden Anleitungen im Internet suchen oder vorgefertigte Bausätze kaufen, die mit passgenau gefrästen und vorgebohrten Teilen erhältlich sind. Pro Häuschen müssen Sie mit rund 15 Euro rechnen – viel günstiger werden Sie es auch nicht hinbekommen, wenn Sie alles komplett selbst machen und die Hölzer eigenhändig zuschneiden.
- Auch wenn Sie auf einen Bausatz setzen, können Sie ihm eine persönliche Note verpassen: Durch einen individuellen farblichen Anstrich. Und falls die Männer hierzu keine Lust haben, kann man gegebenenfalls die älteren Damen im Rahmen einer Gruppenstunde des »Kreativen Gestaltens« um Mithilfe bitten.

Tipp
Kostenlose Bauanleitungen für Vogelhäuser unterschiedlichster Art, nebst benötigten Materiallisten, finden Sie zum Beispiel auf der Internetseite www.selbst.de/vogelhaus-selber-bauen

- Durch Verkauf der Basteleien, zum Beispiel auf einem jährlich veranstalteten Adventsbasar, können die Materialien sowie eventuell in der Werkstatt benötigte Neuanschaffungen meist ohne Probleme refinanziert werden. Dies kann ein gewichtiges Argument sein, um die Einrichtungsleitung von der Anschaffung der Grundausstattung sowie der Bereitstellung eines Werkraums zu überzeugen.
- Die Aktivität trägt sich finanziell »von selbst« und bringt als Nebeneffekt noch eine tolle Außenwerbung mit sich. Schließlich sind die Kunstwerke das Ergebnis ansprechender, ressourcenfördernder und abwechslungs-

---

[21] z. B. ac-holzkunst.de, laubsaegen.de, pinterest.de und viele mehr

reicher Betreuungsangebote – eine tolle Visitenkarte, die Sie für Ihre Betreuungsarbeit abgeben!

An dieser Stelle möchte ich Ihnen noch einige Beispiele zeigen, die Sebastian Röder und das Team der Caritas Tagespflege St. Paulus in Kamp-Lintfort gemeinsam mit den Tagespflegegästen gebaut haben – und zwar aus Holzpaletten. Ich habe Sebastian Röder in einem meiner Seminare zum Thema »Männerangebote« kennengelernt und danke ihm für diese tollen Rückmeldungen aus der Praxis[22].

Tipp

Manche Baumärkte stellen online Palettenbau-Anleitungen und Materiallisten zum Selbstbau zur Verfügung. Anregungen und Anleitungen finden Sie auch auf der Internetseite www.selbst.de/palettenmoebel

---

[22] Die Fotos wurden freundlicherweise von Sebastian Röder und der Caritas Tagespflege St. Paulus in Kamp-Lintfort zur Verfügung gestellt.

Info

- Auch hier gilt: Sicherheit ist oberstes Gebot.
- Es muss im Vorfeld eine Festlegung der vom jeweiligen Mann nutzbaren Werkzeuge in Abstimmung mit dem Pflege- und Betreuungspersonal erfolgen. Die besondere Situation demenzkranker Menschen ist hier entsprechend zu berücksichtigen.
- Bei körperlicher Tätigkeit wird darauf geachtet, dass die Senioren sich nicht verausgaben und gesundheitliche Grenzen nicht überschritten werden.
- Gefahrengeneigte Tätigkeiten werden von den Pflegebedürftigen zu keiner Zeit ausgeführt. Die Sicherheit der Männer ist stets gewährleistet, sie »arbeiten« unter Beaufsichtigung.
- Dennoch empfiehlt es sich, dass der die Aktivität ausführende Mitarbeiter mit Grundlagen der »Ersten Hilfe« vertraut ist und auch ein Verbandskasten im Werkraum vorhanden ist.
- Auf die Benutzung von Sicherheitsausrüstung wie schnittfesten Handschuhen, Schutzbrillen gegen Holzsplitter, ggf. Staubmasken ist grundsätzlich zu achten.

3.9 Themenkisten für (demenzkranke) Männer

Demenzkranke Männer ziehen sich mehr und mehr in innere Erlebniswelten zurück und entfernen sich aus dem »Hier und Jetzt« in die Vergangenheit. Wen mag es verwundern: Wenn man in der Realität nicht mehr zurecht kommt, wenn vor allen Dingen alle anderen mit einem nicht mehr zurechtkommen, was bleibt dann noch übrig, außer dem emotionalen Rückzug? Ein Rückzug in Gefühlsebenen, wo man gegebenenfalls noch »Anker« findet, die dem Demenzkranken Halt geben. Hierdurch versuchen die Dementen ein weiteres »Abtreiben« zu verhindern und das Steuerrad, um im Schiffsjargon zu bleiben, nicht gänzlich aus der Hand zu geben...

3

Positive Emotionen durch angenehme biografische Impulse zu schaffen – dazu sind männerspezifische Themenkisten ausgesprochen gut geeignet.

Vorteile:
- Aktivierung erfolgt auf diversen Sinneskanälen: visuell, kognitiv, haptisch, motorisch – je nach verwendeten Themen auch auditiv oder olfaktorisch.
- Durch gezielt eingesetzte Schlüsselreize aktivieren Sie das Langzeitgedächtnis des Mannes.
- Der Mann kann einer für ihn sinnvollen und vertrauten Tätigkeit nachgehen.
- Interessensgebiete werden uns verdeutlicht/Zugewinn biografischer Informationen.
- Verborgene Handlungs- und Bewegungsabläufe werden wieder verfügbar gemacht.
- Auch im fortgeschrittenen Stadium einer Demenz durchführbar.
- Durchführung ohne Fachkenntnisse und ohne Vorbereitungsaufwand (nachdem die Themenkisten einmal angelegt wurden) möglich.
- Geringe bis keine Anschaffungskosten.
- Kurzzeitaktivierung, trägt der verminderten Konzentrationsfähigkeit demenzkranker Männer Rechnung.

Durchführung:
- Grundlage der Aktivierung ist die gezielte Beschäftigung mit vertrauten Gegenständen, Materialien oder Werkzeugen aus der Vergangenheit der Teilnehmer.

© MEV-Verlag, Germany

- Dies bedingt auch zumindest eine grobe Kenntnis möglicher Interessen: Je mehr Sie über die jeweiligen Vorlieben wissen, desto konkreter und passgenauer können Sie die Themenkisten bestücken.
- Im Verlauf der Aktivität können Sie dann herausfiltern, welche Gegenstände biografisch besonders positiv besetzt sind und ggf. weitere Materialien in dieser Art der Sammlung zufügen.
- Sie können Schuhkartons verwenden und pro Karton ein Themengebiet anlegen. Das jeweilige Thema ist auf die Kopfseite des Kartons zu schreiben. Die Materialien sollten dann im Wohnbereich an einer allen Mitarbeitern bekannten Stelle gelagert und auch grundsätzlich im Anschluss dorthin zurückgestellt werden. So sparen Sie jede Menge Vorbereitungszeit bei der nächsten Aktivierungseinheit.
- Alternativ können Sie statt der Schuhkartons auch zum Thema passende Alltagsgegenstände als »Materiallager« verwenden. Das wirkt für den einen oder anderen Mann sicherlich »ernsthafter« als ein Pappkarton mit Inhalt:
  - Für das Thema »Handwerk« befüllen Sie einen Werkzeugkasten.
  - Für das Thema »Büro« besorgen Sie sich eine alte Aktentasche, die mit Papieren, Schreibutensilien und weiteren typischen Materialien gefüllt wird.
- Zur konkreten Durchführung stellen Sie die Themenkiste (oder einen Werkzeugkasten) vor dem pflegebedürftigen Senior auf den Tisch und öffnen den Deckel. Sie werden beobachten können, welche Gegenstände den alten Mann ansprechen. So ist denkbar, dass er beginnt, den Aufenthaltsraum mit einem Zollstock zu vermessen oder eine Wasserwaage an Schränke zu halten. Lassen Sie ihn gewähren und beobachten Sie aufmerksam, welche Schlüsselreize positive Reaktionen auslösen. Diese gilt es in Folgeeinheiten der Aktivität weiter zu fördern.
- Sie können zusätzlich durch passgenaue Gesprächsimpulse die Auseinandersetzung mit der Biografie fördern. Diese Impulse sollten kurz und knapp sowie verständlich sein. Pro Satz nur eine Botschaft vermitteln, sonst droht Überforderung beim Verständnis!
- Die Aktivität sollte nicht länger als 20 Minuten dauern – alles darüber wird für demenzkranke Menschen bezüglich der Konzentrationsleistung schwierig.

- Es ist wichtig, regelmäßig entsprechende Impulse zu geben – im Ideal-fall täglich. Ritualisierungen helfen demenzkranken Männern, geben Sicherheit und Struktur.

Was können Sie nun in die Kisten packen? Als Beispiel füllen wir eine The-menkiste zum Thema »Urlaub & Reisen«:

- Reiseprospekte (erhalten Sie in Reisebüros oder können Sie kostenlos über das Internet anfordern)
- Alte Bahnfahrkarten (für jüngere Männer können auch Flugtickets auf-fordernd sein)
- KFZ-Vignetten
- Landkarten/Atlanten
- Stadtpläne/Reiseführer
- Postkarten
- Urlaubsfotos
- (Abgelaufene) Reisepässe
- Urlaubssouvenirs (z. B. ein kleiner Eiffelturm)
- Schwimmbrille
- Badehaube
- Sonnenmilch

Tab. 7: Anregungen für Themenkisten

Sammelleidenschaft (Münzen, Briefmarken)	Büro
Fußball (Sport allgemein)	Handwerk
Elektrik	Fernsehen & Kino
Auto und -pflege	Technologie
Tiere	Auf hoher See
Urlaub & Reisen	Eisenbahn
Geld & Finanzen	Militär*

*   Beim Thema »Militär« weise ich nochmals auf die Gefahr des Aufbrechens alter Wunden hin. In diesem Thema liegen viele Chancen – aber mitunter nicht minder viele Risiken. Die Entscheidung, ob man sich damit auseinandersetzen möchte, muss daher mit Bedacht getroffen werden. (siehe hierzu auch die Ausführungen zu den »Männergesprächsgruppen« auf einer der Folgeseiten).

- Sonnenbrille
- etc.

Die folgenden **Gesprächsimpulse** bieten sich hier an, um eine noch stärkere Auseinandersetzung mit den im Langzeitgedächtnis gespeicherten Erinnerungen der demenzkranken Männer zu fördern:

- »Erinnern Sie sich noch an Ihre erste Reise?«
- »Was war ihre weiteste Reise mit dem Auto?«
- »Sind Sie schon mal mit dem Flugzeug geflogen?«
- »Waren Sie schon einmal auf dem Schiff?«
- »Fahren Sie gerne mit der Bahn?«
- »In welchem Urlaubsland hat Ihnen das Essen besonders geschmeckt?«
- »Wo war es am wärmsten im Urlaub?«
- »Gibt es besondere Urlaubserlebnisse, an die Sie gern zurückdenken?«
- »Sind Sie an der Grenze kontrolliert worden?«
- »Mussten Sie Ihr Geld umtauschen in Landeswährungen?«

Die Fragen können natürlich, je nach Kompetenzniveau des demenzkranken Mannes, variieren und entweder noch einfacher oder etwas komplexer aufgebaut werden.

Info

Die für die Aktivierung benötigten Materialien erhalten Sie oftmals kostenlos, wenn Sie Angehörige der Bewohner ansprechen. Gerade bei Neueinzügen müssen diese oft genug einen kompletten Haushalt auflösen. Meist landet der Hausrat im Müll. Wenn Sie, zum Beispiel in einem Rundschreiben, um Überlassung dieser Gegenstände bitten, um diese in der Beschäftigung der Männer anzuwenden, können Sie erfahrungsgemäß mit einer guten Resonanz rechnen.

Alternativ können Sie auf Flohmärkten auf die Suche gehen – auch in diesem Fall wird sich das Budget für den Ankauf von benötigten Materialien in einem überschaubaren Rahmen halten.

3

© MEV-Verlag, Germany

3.10 Sitzfußball

Ballspiele sind bereits im Kindesalter erlernt worden. Viele alte Männer haben in jungen Jahren Fußball gespielt. Daher können die Fähigkeiten auch während einer Demenzerkrankung noch lange genutzt werden. Bei vielen Senioren können Sie beobachten, dass diese noch gezielt einen Ball werfen oder diesen mit dem Fuß kicken können.

Das sportliche Wettbewerbsdenken (Sieg oder Niederlage) ist den Männern auch im hohen Alter noch sehr wichtig.

Vorteile:
- Aktivierung erfolgt auf diversen Sinneskanälen: kognitiv, visuell, haptisch, motorisch.
- Anknüpfung an das »beste Freunde«-Schema. Kurzzeitige »Flucht« aus der Frauenumwelt.
- Männergerechte Kommunikation.
- Freude und Spaß.

- Möglichkeit, Gemeinschaft zu erleben.
- Konzentration, Ausdauer, Aufmerksamkeit und Reflexe werden gefördert.
- Förderung der Feinmotorik.
- Einbezug demenzkranker Männer möglich.
- Positive Abfuhr aufgestauter Energie durch Sport. Möglichkeit, Konkurrenten in die Schranken zu weisen und hieraus Selbstbestätigung zu ziehen – in Anlehnung an die verinnerlichte Rolle des »Supermannes« im alten Herrn.

Durchführung:
Variante 1:
- Die Gruppe wird geteilt und sitzt sich im Halbkreis auf Stühlen gegenüber. In der Mitte befindet sich jeweils ein mittels zwei leerer Stühlen markiertes »Tor«.
- Es wird versucht, das gegnerische Tor zu treffen. Wenn der Ball in das »Seitenaus« rollt wirft die Gruppenleitung diesen wieder ein bzw. rollt ihn den älteren Herrschaften zu.

Variante 2:
- In der Mitte des Raumes wird ein großer Wäschekorb platziert. Aufgabe der Männer ist es nun, den Ball in das Ziel zu schießen.

Sitzfußball in seiner eigentlichen Form (wir wandeln es für die Zielgruppe älterer Herren gerecht ab) ist eine Sportart, die sowohl im Behindertensport als auch als Leistungssportart ausgeführt wird. So ist es auch Menschen mit Behinderungen möglich, ihre Freude am Fußball voll ausleben zu können. Sitzfußball in dieser Form wird in der Halle gespielt. Auf einem bis zu 28 m langen Spielfeld dürfen sich die Spieler nur sitzend und rutschend fortbewegen. Nur dem Torwart ist das knien gestattet. Eine Mannschaft besteht aus fünf Spielern und einem Torwart. Zum Spielen wird in der Regel ein Volleyball verwendet.

3

Info
- Beachten Sie auf jeden Fall das Verletzungsrisiko.
- Unbedingt einen Schaumstoffball verwenden – Lederbälle können Schmerzen und Verletzungen verursachen.
- Falls das Konkurrenzdenken und die Leistungsorientierung der Teilnehmer zu stark wird und die Anwesenden mehr gestresst als freudig wirken, sollte die Spielrunde umgehend »kooperativ« umgestaltet werden. Beispielsweise könnten die Männer stattdessen aufgefordert werden, die Bälle abwechselnd mit dem rechten und anschließend mit dem linken Bein an den jeweiligen Sitznachbarn weiterzuleiten.
- Achten Sie auf den »Namen des Kindes«. Wenn Sie »Bewegungsspiele« ankündigen oder die Aktivität als »Gymnastikrunde« ausweisen, wird es die Männer eher mühsam aus der Reserve locken und schwerlich zur Teilnahme motivieren. »Sitzfußball« greift bei Männern deutlich besser!

3.11 Männer und Tiere

»Kinder und Tiere, das geht immer in der Altenpflege« – tatsächlich ist an der These etwas dran. Tiere haben nachweislich äußerst positive Auswirkungen auf (nicht nur) ältere Menschen. Gerade einem Menschen, der viele Verluste im Leben erlitten hat, können Tiere Lebensgefährte, Bezugspunkt und Vertrauensperson sein und gegen Einsamkeitsgefühle helfen. Dies gilt selbstverständlich auch für unsere männlichen Pflegebedürftigen.

Vorteile:
- Aktivierung erfolgt auf diversen Sinneskanälen: kognitiv (so muss erinnert werden, dass das Tier ausgeführt werden muss, wann es gefüttert wird etc.) visuell, auditiv (z. B. hört man das Bellen des Hundes), haptisch (das Fell streicheln), motorisch (das tägliche Gassi gehen mit dem Hund

ist bewegungsfördernd), olfaktorisch (ich rieche meinen Hund, wenn ich ihn nach einem Herbstspaziergang mit nassem Fell nach Hause bringe), emotional/affektiv.

- Anknüpfung an das »beste Freunde«-Schema. Kurzzeitige »Flucht« aus der Frauenumwelt. Nur, dass der beste Freund hier in der Regel auf vier Beinen daherkommt…
- Männergerechte Kommunikation (spärlich bis schweigend).
- Förderung der Tagesstruktur (z. B. regelmäßige Fütterung, Ausführen, Fellpflege).
- Übernahme von Verantwortung.
- Anregung von Erinnerungen/Biografiebezug.
- Das Gefühl, wieder gebraucht zu werden.
- Kommunikationsförderung (Kontakt zu anderen Menschen gelingt wunderbar über das Tier).
- Physiologisch positive Auswirkungen (z. B. Blutdrucksenkung bei Anwesenheit des Tieres).
- Tiere spenden Liebe, erwidern Bedürfnisse nach Zuneigung.
- Einbezug demenzkranker Männer möglich.

Durchführung:
- Es gibt prinzipiell fünf Möglichkeiten, wie in einer stationären Einrichtung Tierkontakt zum Bewohner erfolgen kann:
  - Option 1:   Der Pflegebedürftige bringt ein Tier mit
  - Option 2:   Die Einrichtung hat eigene Tiere
  - Option 3:   Personal bringt Tiere mit
  - Option 4:   Besuchsdienste besuchen die Pflegebedürftigen in regelmäßigen Abständen
  - Option 5:   Besondere Angebote/»Tierevents«
- Es würde den Rahmen dieses Buches sprengen auf jede dieser Option detailliert einzugehen. Sie sollten allerdings einige Fragestellungen für sich beantworten, bevor Sie sich Tiere ins Haus holen oder mitbringen lassen:
  - Wer versorgt die Tiere, gibt es Vertretungen? Wie verhält es sich mit bewohnereigenen Tieren wenn dieser verstirbt? Ist eine Nachfolgeregelung mit Angehörigen vereinbart?
  - Bestehen Allergien oder Phobien bei anderen Bewohnern oder beim Personal?

3

© Budimir Jevtic – Fotolia.com

- Wer kommt für die Tierhaltungskosten auf? Sind die Kosten auch gesichert, wenn beispielsweise eine Operation erforderlich ist?
- Sind die Voraussetzungen (räumlich und personell) für eine artgerechte Tierhaltung gegeben? (Hunde beispielsweise sind Rudeltiere, die eine feste Bezugsperson benötigen).
• In der Praxis haben sich meines Erachtens eher Option 4 und Option 5 durchgesetzt.
  - Zu Option 4: Ehrenamtliche Hundebesuchsdienste sind vielerorts bereits vorhanden. Zudem haben diese Hunde in der Regel auch die Eignung als Therapiehund nachgewiesen und einen entsprechenden Wesenstest absolviert. (Hierbei geht es nicht nur darum, ob der Hund »lieb« ist, sondern auch – aus unserer Verantwortung den Tieren gegenüber – ob die Besuche dem Tier selbst Spaß machen, sodass diese ihm gegenüber auch zumutbar sind.)
  - Denkbar wäre auch eine Kooperation mit einem nahegelegenen Tierheim. Man könnte regelmäßig einen Ausflug dorthin anbieten und dann die Tiere gemeinsam ausführen.

- Mit einem tollen Angebot hat mich seinerzeit die Kreisjägerschaft Essen überrascht: Die »Rollende Waldschule«[23]. Es geht der Jägerschaft darum, jungen und alten Menschen die Schönheit der Natur (wieder) nahezubringen. Dafür wird eine beeindruckende »Waldwelt« mit Tierexponaten aufgebaut. Besonderer Höhepunkt war der Besuch der Jäger mit Falken und einer Eule. Unsere Bewohner waren einfach nur begeistert von dieser tollen Aktion.
- Zu Option 5:
- Hühner inklusive Freigehege, Futter und Stall für einen bestimmten Zeitraum mieten? Das geht: Schauen Sie einfach einmal unter www.mieteeinhuhn.de
- Toll ist, wenn Sie die Aufgabe des täglichen »Eiersammelns« sowie die Kontrolle der ordnungsgemäßen, abendlichen Rückkehr der Hühner in den Stall an einen Mann »delegieren« können, der dieses »Amt« mit Freude ausübt.
- Es gibt zahlreiche weitere Möglichkeiten, von Zoobesuchen über die Buchung einer »mobilen Tierfarm«, die Ihnen sogar ein Pony durch die Flure marschieren lässt. Schauen Sie einfach im Internet nach, was in Ihrer Region angeboten wird!

Info

Bitte beachten Sie neben den zuvor erwähnten grundsätzlichen Fragestellungen auch gesetzliche oder behördliche Vorgaben wie z. B. die Forderung eines Heimtierausweises oder die Einhaltung hygienischer Vorgaben.
Statt grundsätzlich der Tierhaltung durch Pflegebedürftige zuzustimmen würde ich schon alleine aus dem Verantwortungsgefühl den Tieren gegenüber anraten einen Passus in die Heimverträge aufzunehmen, wonach die Erlaubnis zur Tierhaltung eine Einzelfall-

---

[23] http://www.ljv-nrw.de

entscheidung ist und stets der vorherigen Genehmigung durch den Einrichtungsleiter bedarf. So können Sie im Einzelfall mit Bedacht abklären, ob die Rahmenbedingungen für eine artgerechte Tierhaltung auch tatsächlich gewährleistet sind.

3

Nennen Sie mich kaltherzig, aber ich habe einmal einem Mann die Anschaffung eines Kanarienvogels verwehrt. Warum? Eben weil ich alles andere als »kaltherzig« bin:

Der Mann rauchte unentwegt in seinem Zimmer – der Vogel wäre geräuchert nach geschätzt sechs Stunden von der Stange gekippt... Lüften empfand der ältere Herr als Zumutung.

Er war regelmäßig im Krankenhaus, aufgrund seines Gesundheitszustandes hätte er die regelmäßige Pflege des Käfigs, die Futter- und Wasserversorgung nicht verlässlich ausführen können. Es soll nicht unerwähnt bleiben, dass der Herr mich einige Tage später nochmals zu sich rief und mir mitteilte, dass es gut sei, wie ich entschieden habe. Er müsse mir nach nochmaliger Überlegung zustimmen, dem Vogel wäre es nicht wirklich gut ergangen...

Info
Tiere zeigen bedingungslose Zuwendung und Verbundenheit. Sie sind nicht von Erwartungen geprägt und nehmen den Menschen auch mit seiner Krankheit und Behinderung an. Im alltäglichen Umgang zeigen sie keine vermeidenden oder entmutigenden Reaktionen. Sie ermöglichen den pflegebedürftigen, älteren Herren die Übernahme von Verantwortung (bei eigener Tierhaltung und/oder dem Ausführen von Tieren). In einem von Defiziten geprägten Selbstbild ist das ein Licht am Ende des Tunnels: »Da ist jemand, der mich braucht. Da gibt es einen Grund, der das Leben für mich noch lebenswert macht.«

© Diego Cervo 2012 – fotolia.com

3.12 Männergesprächsgruppen

Frauen sind sehr kommunikativ, Männer hingegen gelten eher als wortkarg und tendieren dazu, Dinge mit sich alleine auszumachen. Und dennoch – wie wir festgestellt haben, gibt es auch gute Argumente, die für die Etablierung einer Männergesprächsgruppe sprechen. Einige mögliche Themen werde ich Ihnen in diesem Abschnitt vorschlagen.

Vorteile:
- Aktivierung erfolgt auf diversen Sinneskanälen: kognitiv, auditiv.
- Männergerechte Kommunikation, man(n) kann so reden, wie einem der »Schnabel« gewachsen ist.
- Männergerechte Themen und Interessengebiete stiften Freude.
- Gemeinsamkeiten zu anderen Männern können herausgearbeitet werden, dies kann die Basis von Freundschaften im Alter darstellen und verdeutlichen, dass Schicksale mitunter auch mit anderen geteilt werden.
- Kleine Flucht aus der von Damen »dominierten« Umwelt.
- Training der Fähigkeiten zur verbalen und nonverbalen Kommunikation, des Wortschatzes, der Wortfindung.

- Auseinandersetzung mit der eigenen Biografie.
- Möglichkeit, die persönliche Zeitgeschichte an andere weiterzugeben und mit diesen zu teilen.
- Personal erfährt hierdurch auch mehr über die Interessen der Pflegebedürftigen und kann die Aktivitäten zielgenauer ausrichten.
- Je nach Themenwahl auch Teilnahme demenzkranker Männer möglich.

3

Tab. 8: Themenvorschläge für Männergesprächsgruppen

Thema	Impulse, um das Thema in Gang zu bringen
Sport, z. B. Einrichtung eines hauseigenen, wöchentlichen »Fußball-Stammtisches« (jeden Samstag gemeinsam Sportschau schauen)	- »Spöttische« Bemerkungen über die »Erzfeinde« (Konkurrenzmannschaft des eigenen Lieblingsclubs) - Trikotfarben raten lassen - Aktuelle Spielernamen benennen - Historische Spieler benennen
Das erste eigene Auto	- Autoprospekte - Autozeitschriften - Modellautos mitbringen und vorführen
Sammelleidenschaften	- »Was haben Sie gerne gesammelt?« - Münzen oder Briefmarken als Impuls
Feste und Feiern	- »Waren Sie ein geselliger Typ?« - Alte Festschriften - Zeitungsmeldungen über Feste (könnte z. B.im Rahmen einer täglichen Zeitungsrunde thematisiert werden, wenn dort über ein Schützenfest o.ä. berichtet wird)
Ausbildung und Beruf	»Lehrjahre sind keine Herrenjahre«
Freizeitbeschäftigung	- »Womit haben Sie sich früher Ihre Zeit vertrieben?« - »Hatten Sie überhaupt Zeit für ein Hobby?« - Modellbahn, Modellbau oder Bezug zu möglicher Sammelleidenschaft als Impuls
Reisen	Reiseberichte oder Reiseprospekte als Impuls
Frauen	»Erinnern Sie sich noch an Ihre erste Freundin?« (sensibles Thema, sofern der Mann Witwer ist und den Tod der Partnerin noch nicht verarbeitet hat)

Wie sollten Sie mit dem **Thema »Krieg«** umgehen? Hier gibt es keine Patentlösung, wie wir in dem zugehörigen Kapitel in diesem Buch bereits ausführten. Fakt ist:

Es gibt noch viele ältere Herren, die sich gerne an Zeltlager, Lagerfeuer, Wandern und ihre Zeit bei der Hitler-Jugend erinnern.
Diese Erlebnisse waren nach Kriegsende verpönt, man hat nicht darüber gesprochen. Gerade die Kameradschaft wurde aber häufig als sehr positiv erlebt und hat geholfen, diese Zeiten zu überstehen. Dieser Zusammenhalt wird in der Regel auch noch gerne erinnert. Entsprechend wichtig kann es sein, hierauf einzugehen.

Das Thema ist ausgesprochen sensibel. Wie verhalten Sie sich, wenn ein Mann die Nazi-Zeit glorifiziert? Hier sollten Sie klar Stellung beziehen und Grenzen setzen. Dies wird aber bei demenzkranken Männern sehr schwer und wenig erfolgsversprechend sein. Bekanntermaßen bringt bei einer Demenz alles Diskutieren nichts, da die Betroffenen nicht mehr kognitiv, also über die Vernunft, erreichbar sind.
Die Gefahr besteht, dass andere Männer (und im Übrigen auch Teile des Personals, wenn die Vorfahren selbst Opfer von Kriegsverbrechen wurden), die diese Auffassung in keiner Art und Weise teilen, Anstoß an bestimmen Äußerungen nehmen können. Wenn die Situation erst einmal entglitten ist, kann dies sogar zu Handgreiflichkeiten untereinander führen.

Info

Wenn im Rahmen eines Gesprächskreis das Thema »Krieg« in den Mittelpunkt gerät und Sie merken, dass einige der Gruppenteilnehmer in negativer Art und Weise hiervon emotional betroffen sind, versuchen Sie die »Wogen zu glätten« und das Thema wieder auf eine »oberflächlichere« Ebene zu befördern und abzulenken.
Falls Männer sich Ihnen gegenüber mit ihren Kriegserlebnissen öffnen wollen, ist ein Einzelgespräch in ungestörter Atmosphäre hierfür in aller Regel der bessere Ort.

3

© Erwin Wodicka – BilderBox.com

3.13 Religiöses Erleben fördern

Viele Männer wurden in Ihrem Leben zu ausgeprägter Religiosität erzogen. Dies ist ein verbindendes Merkmal der sehr homogen sozialisierten Menschen früherer Generationen. Der wöchentliche Kirchenbesuch galt als »ungeschriebenes Gesetz«, die Kommunion bzw. Konfirmation war keine Wahloption, sondern gehörte »zum guten Ton«.

Glaube gibt Menschen Zuversicht in schwierigen Zeiten. Auch den älteren Männern kann er Deutungen für Krankheit und das eigene Schicksal ermöglichen.

Vorteile:
- Aktivierung erfolgt auf diversen Sinneskanälen: kognitiv, visuell, auditiv.
- Unterstützung bei der Bewältigung von Krisen, Sinngebung.
- Hilfestellung beim Ziehen einer Lebensbilanz.
- Überwindung von Isolation.
- Erleben von Gemeinschaft und Gemeinsamkeiten.

- Krankheiten und das nahende Lebensende akzeptieren und bejahen können.
- Auseinandersetzung mit der eigenen Biografie.
- Einbezug demenzkranker Männer möglich.

Mögliche Inhalte:
- Regelmäßige Gottesdienstbesuche ermöglichen.
- Teilhabe am Gemeindeleben außerhalb der Pflegeeinrichtung anbieten (z. B. Ausflüge zu Adventsfeiern der Kirchengemeinde).
- Seelsorge durch einen Theologen vermitteln.
- Männern die Möglichkeit einräumen, Friedhöfe zu besuchen um das Andenken an die verstorbene Ehegattin, aber auch an frühere Freunde, Kollegen und Vereinskameraden zu bewahren.
- »Bibelstunden« anbieten oder im Rahmen eines Einzelgesprächs über bestimmte Passagen/Verse der Bibel sprechen (dies erfordert »Bibelfestigkeit« und sollte nach Möglichkeit unter Einbezug eines Geistlichen erfolgen).
- Gesprächskreise, die das Thema Religion aufgreifen, anbieten:
  – Passende Gesprächsimpulse könnten sein:

»Sind Sie regelmäßig zur Kirche gegangen?«
»Kennen Sie den Satz ›Christsein kann man auch im stillen Kämmerlein?‹ – Wie stehen Sie persönlich dazu?«
»Erinnern Sie sich noch an Ihre Kommunion/Konfirmation?«
»Kennen Sie noch Ihren Kommunions-/Konfirmationsspruch?«

Unabdingbar erscheint aus heutiger Sicht die Auseinandersetzung mit anderen Religionen und Kulturen.
Die Familienstrukturen wandeln sich auch bei Menschen anderer Länder und Konfessionen.
Der beruflichen Mobilität und Flexibilität geschuldet ist davon auszugehen, dass die tragfähigen Großfamilienstrukturen in Zukunft nicht mehr eine mit Heute vergleichbare kulturspezifische Pflege

und Betreuung leisten können. Mehr und mehr werden somit auch andere Glaubensrichtungen verstärkt Einzug in die Pflegeheime halten.

Wir sollten uns mit religiösen Gebräuchen und Besonderheiten, Gebets- und Abschiedsritualen auseinandersetzen, um auch Männern fremder Kulturen ein würdevolles Altern in unseren Einrichtungen zu ermöglichen.

Dies bedingt auch eine Erweiterung der Dienstleistung, weg vom »Standard« des klassischen, christlichen Angebots, das sich alleinig auf evangelische und katholische Gottesdienste beschränkt, hin zu neuen Glaubensformen.

Beispielhaft seien hier ein nach Mekka auszurichtender Gebetsraum zu nennen oder spezielle Anforderungen, die glaubensbedingt an die Beköstigung gestellt werden.

3

3.14 Musik ist Trumpf

Können Sie sich ein Leben ohne Musik vorstellen? Ich auch nicht. Kaum sind wir nach der Arbeit in unser Auto eingestiegen, schalten wir auch schon das Radio ein. Musik hat auf jeden Menschen einen besonderen Einfluss. Musik löst Gefühle aus, von Trauer bis Freude, von Wut bis zur Motivation. Sie beeinflusst unseren Körper und unsere Seele ganzheitlich.

Lassen Sie uns eines der frühesten Kulturgüter der Menschen auch für die Betreuung der uns anvertrauten Männer zunutze machen!

Vorteile:
- Aktivierung erfolgt auf diversen Sinneskanälen: auditiv, kognitiv, visuell (z. B. wenn Liederbücher oder -texte verwendet werden), motorisch (wer bleibt schon ruhig sitzen, wenn er Musik hört...).
- Funktion eines »biografischen Schlüssels« bei Demenz.
- Auseinandersetzung mit der eigenen Biografie (viele Männer waren früher im Gesangsverein).

- Verbesserung der Stimme und der Atmung.
- Stärkung des Selbstwertgefühls durch Erkennen vorhandener Fähigkeiten.
- Ablenkung von Kummer und Schmerz.
- Förderung der Gemeinschaft und Betonung von Gemeinsamkeiten.
- Musikstrophen sind im Langzeitgedächtnis gespeichert und ermöglichen somit auch einen hervorragenden Einbezug demenzkranker Männer.
- Singkreise sind in Pflegeeinrichtungen landauf-landab mit großen Zielgruppen durchführbar und sehr effektiv, da man auf einen universellen »kulturellen Schatz« zurückgreifen kann.
- Musik bietet den Herren Möglichkeiten, die jeweiligen Gefühlslagen auszudrücken.
- Freude und Entspannung werden erzeugt.
- Musik kann beruhigen und damit herausfordernde Verhaltensweisen verhindern.

Mögliche Inhalte und Durchführung:
- Musik kann aktiv (z. B. durch Spielen eines Instruments) erzeugt werden oder rezeptiv, d. h. auf das reine »Zuhören« beschränkt sein.

- Ein auch für ältere Menschen noch sehr gut erlernbares Instrument, das keine Notenkenntnisse erfordert, ist die sogenannte Veeh-Harfe®, die von Hermann Veeh entwickelt wurde. Er entwickelte eine eigene Notenschrift für das Instrument. Die Notenschablonen werden beim Musizieren einfach zwischen die Saiten und den Resonanzkörper geschoben.
- Singkreise gelingen besonders gut, wenn die Musik instrumental begleitet wird, beispielsweise auf einem Klavier oder auf einer Orgel. Dies hat den Vorteil, dass die Melodie auch dann »weitergetragen« wird, wenn die Stimmen der Bewohner stellenweise verstummen oder der Gesang insgesamt »zu dünn« wird. Die Instrumentalbegleitung fördert somit die Aufrechterhaltung des Gesangs.
- Schlagernachmittage, der Besuch eines klassischen Konzerts oder eines Musicals – es gibt schier unerschöpflich viele Möglichkeiten wie wir den alten Männern ein positives Musikerleben ermöglichen können.

3

Info

Wissenschaftler vermuten, dass unser Belohnungssystem angesprochen wird, wenn wir (auf uns angenehm wirkende) Musik hören. Musikkonsum hat dann einen ähnlichen Effekt für unser Gehirn wie Drogen oder ein leckeres Essen, denn dabei werden u.a. Endorphine ausgeschüttet.

Bei ruhigen und sanften Melodien schüttet die Nebenniere das Hormon Noradrenalin aus. Stresshormone werden herabgesetzt und unser Körper automatisch ruhiger.

Wer Musik in der Betreuung anwendet, sollte sich damit auch wohlfühlen. Nur wer gerne musiziert, wird dies auch motivierend den älteren Männern »herüberbringen«.

So viele Menschen wie heutzutage werden wir in einigen Jahren sicherlich nicht mehr gleichzeitig mit einem Singkreis erfreuen können. Die Musikgeschmäcker haben sich deutlich individualisiert. Ein gemeinsames, verbindendes Lied- und Kulturgut wird es in dieser Form nie mehr geben.

© Anna Lurye – Fotolia.com

3.15 Gedächtnistraining für Männer

»Wer rastet, der rostet« – das gilt nicht nur für unseren Körper, sondern auch für unsere kognitiven Funktionen. Wer seinen Kopf regelmäßig trainiert, der hält ihn auch fit.

Die Synapsen unseres Gehirns können durch Übungen besser miteinander vernetzt werden. Durch regelmäßige Denkaufgaben behält unser Gehirn auch langfristig seine Leistungsfähigkeit. Auch für Männer ist regelmäßiges Gedächtnistraining in der Betreuungsarbeit somit unverzichtbar.

Vorteile:

- Aktivierung erfolgt auf diversen Sinneskanälen: kognitiv, auditiv (Gruppenleiter stellt Fragen, der Mann hört aufmerksam zu), visuell (z. B. bei Einsatz eines Flipcharts), motorisch (z. B. durch eigenständiges Aufdecken der Karten beim Memory).
- Förderung der Gemeinschaft.

- Freude und Entspannung werden erzeugt.
- Positive Auswirkungen auf Durchblutung und Stoffwechsel.
- Nachweislich positiver Effekt auf die gesamte körperliche und seelische Befindlichkeit.
- Training der Fähigkeiten zur verbalen und nonverbalen Kommunikation, des Wortschatzes, der Wortfindung.
- Auseinandersetzung mit der eigenen Biografie.
- Stärkung des Selbstwertgefühls durch Erkennen vorhandener Fähigkeiten.
- Ablenkung von Kummer und Schmerz.
- Je nach Themenwahl auch Teilnahme demenzkranker Männer möglich.

Mögliche Inhalte

Greifen Sie die Themenbereiche auf, die wir Ihnen für Gesprächsgruppen empfohlen haben: Sport, Automobil, Sammeln, Feiern, Ausbildung, Beruf, Hobbys, Reisen.

Beispiel **Wortspiele rund um den Fußball**

Beispiel 1: Wortergänzungen zum Thema »Fußball«
Welche Wörter, die mit »Fußball-« beginnen, kennen Sie?
Fußballspiel, Fußballschuhe, Fußballfeld, Fußballstadion, Fußballspieler, Fußballer, Fußballverein, Fußballfans, Fußballschule, Fußballclub, Fußballplatz etc.

Beispiel 2: Wer weiß was gemeint ist? (ebenfalls zum Thema »Fußball«)
Hierbei versucht ein Spieler mit einer Taktik den Angriff des Gegners zu beenden... Antwort: Abseitsfalle

Bei diesem Tor steht der Stürmer zur rechten Zeit am rechten Ort:
Antwort: Abstaubertor

Diese mitunter verpönte Spieltaktik wurde in den 60er Jahren entwickelt und von den Italienern perfektioniert. Wie nennt man die Taktik?
Antwort: Catenaccio (wörtlich übersetzt »Türriegel« – eine sehr defensive Spielweise)

Info

Das Internet ist voller guter Ideen. Sie müssen die Gedächtnistrainings lediglich auf die Zielgruppe (Männer) anpassen bzw. die Inhalte rauspicken, die bei den Senioren auf eine gute Resonanz stoßen und deren Interessen entsprechen.

Natürlich werden auch beim Gedächtnistraining Männer versuchen, sich zu beweisen und in Konkurrenz zueinander treten. Behalten Sie als Gruppenleitung das Klima stets im Auge, bremsen Sie etwas aus, falls der Konkurrenzgedanke zu sehr in den Mittelpunkt rückt und Druck bei den Teilnehmern auslöst.

»Falsche« Beiträge werden niemals der Lächerlichkeit preisgegeben oder korrigiert, um auch demenzkranken Männern ein angenehmes Gruppenerlebnis zu ermöglichen.

Sollten Demenzkranke durch andere Herren verunglimpft werden, schreiten Sie ein und stellen, beispielsweise durch Betonung von Gemeinsamkeiten, wieder ein verträgliches Klima her.

3.16 Bogenschießen

Eine frühere Seminarteilnehmerin von mir, Waltraud Möllmann, arbeitet in einer Einrichtung, die einen sehr hohen Männeranteil vorweist. Sie ist wirklich sehr kreative Wege begangen, um interessante Beschäftigungsangebote zu unterbreiten: Allen voran das Bogenschießen. Sie hat selbst eine Fortbildung im Bogensport absolviert und konnte auch ihren Einrichtungsleiter mittlerweile dazu bewegen, einen entsprechenden Bogen sowie eine Zielscheibe anzuschaffen und diese auf dem Gelände der Einrichtung aktiv zu nutzen.

Ein durchaus mutiges und erwähnenswertes Projekt, das ich zum Abschluss dieses Buches gerne kurz vorstellen möchte.

3

Vorteile:

- Aktivierung erfolgt auf diversen Sinneskanälen: kognitiv, visuell, motorisch.
- Steigerung des Selbstbewusstseins, Steigerung des Selbstwertgefühls und des Selbstvertrauens.
- Förderung der Konzentration, der Atmung, Ruhe und Gelassenheit.
- Stärkung der Rückenmuskulatur, Optimierung der Körperhaltung.
- Die Herz-Kreislauf-Leistung wird verbessert.
- Starker Bezug auf verinnerlichter Rolle des »Jägers«, ideale Passung auf die anerzogene Männerrolle.
- Pfeil- und Bogen haben etwas Archaisches, zudem haben Bogenspiele bereits seit der Kindheit die Männer fasziniert.
- Ablenkung von Kummer und Schmerz.
- Männergerechte Kommunikation (Fokus liegt auf dem »Tun«).
- Förderung der Gemeinschaft.

Sehr vielversprechend für die Anwendung in Männergruppen scheint das Do Kan Yo® Konzept zu sein. *„Das von Volkhart Kuhn 1995 entwickelte und seit 1998 an Volkshochschulen, privaten und städtischen Einrichtungen in NRW und Rheinland-Pfalz eingesetzte Bogensportkonzept ist ein schlüssiges Konzept und eine außergewöhnliche Entspannungsmethode. Ruhe und Gelassenheit stehen hier im Vordergrund, es gibt keinen Wettkampf, keinen Erfolgsdruck. Die nach dem 8-fachen Pfad des großen Yogi Patanjali ausgerichtete Unterweisung ist eine Lebensphilosophie und dient unter anderem der Charakterbildung.*

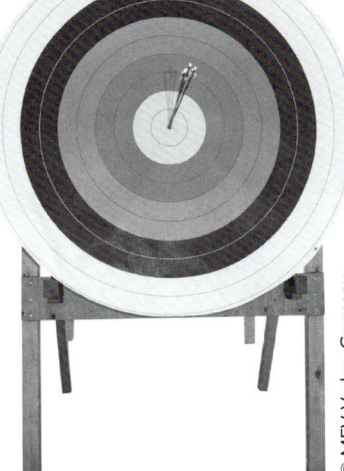

»Do Kan Yo – Yoga in der Kunst des Bogenschießens« ist ein praktischer Weg zur eigenen Mitte. Dieser Weg führt zur »Persönlichen Meisterschaft« Persönliche Meisterschaft liegt weit jenseits allem Konkurrenzdenkens.«[24]

---

[24] Vgl. http://www.dokanyo.net/

Info

Sicherlich ein mutiger Schritt, aber Sicherheitsbedenken bestehen bei so außergewöhnlichen Sportarten wie Bogenschießen nicht, da die Senioren natürlich nicht unbeaufsichtigt mit Pfeil und Bogen hantieren.

Durch eine Fortbildung zum Master im Do Kan Yo® wird man befähigt, entsprechende Gruppen anzuleiten.

Eine Alternative, in der Treffgenauigkeit mit den Bewohnern in einem gänzlich sicheren Rahmen (wohlwissend, dass es beim Do Kan Yo® nicht um die Treffgenauigkeit, sondern um Achtsamkeit und das Erleben von Intuition geht) trainiert werden, könnten Wurfspiele mit kleinen Softbällen auf eine Zielscheibe oder Ringwurfspiele sein. Allerdings: Man fühlt sich doch deutlich eher als MANN, wenn man mit einem echten Bogen hantieren darf, statt Wurfgegenstände zu verwenden, die primär für die Enkelkinder konzipiert wurden.

Abschluss: Ein Plädoyer für das »Untypische«

Liebe Leserinnen, liebe Leser,

Sie sind am Ende dieses Buches angelangt und haben nun, so hoffe ich, viele neue und erfolgsversprechende Ansätze für die erfolgreiche Beschäftigung männlicher Pflegebedürftiger erhalten.

Es ist mir wichtig an dieser Stelle nochmals zu betonen, dass es durchaus Ausnahmen gibt, die die Regel definieren. Wir arbeiten glücklicher Weise nicht mit Maschinen, sondern mit Menschen zusammen. Stereotype, d. h. Vorurteile in unseren Köpfen enden exakt dort, wo Individualisierung, Wertevielfalt und Entwicklungsmöglichkeiten Grenzen sprengen.

Manche Männer nehmen sehr wohl gerne an lebenspraktischen Tätigkeiten wie Koch- und Backgruppen teil. Und ja, manche von Ihnen beteiligen sich sogar aktiv am Geschehen und schneiden dabei selbst Zutaten klein, ebenso wie die Damen. Ebenso werden Sie in mancher »Holzwerkstatt« als emsigste Unterstützer Frauen ausmachen können, die die Laubsäge gar nicht mehr aus der Hand geben möchten.

Grundsätzlich sollten wir bei der Angebotskonzeption die jeweilige Situation des Mannes und dessen Vorlieben im Blick behalten und nicht schon im Vorfeld zu streng selektieren, welche Maßnahme für die Herren geeignet sein könnten und welche nicht. Dadurch würden uns wertvolle Chancen entgehen, wie das nachfolgende und wohl schönste Beispiel meiner Berufslaufbahn im Betreuungsbereich verdeutlicht, das ich auch in meinen Seminaren immer wieder gerne erzähle:

„Herr Hoffmann, Sie müssen bald mal eine Aktivität im Bereich »Kreatives Gestalten« übernehmen, die Inge ist noch weiter krank.« Oh je, »Kreatives Gestalten« war so gar nicht mein Ding. Ich war eher Freund der kognitiven Angebote wie Gedächtnistraining. Nun denn, wenn die Pflegedienstleitung es fordert, bleibt mir wohl nichts anderes übrig. Mittelmäßig bis spärlich motiviert machte ich mich auf die Suche nach Inhalten, um die mir auferlegte Gruppenstunde vorzubereiten. Schnell wurde ich im Internet fündig und schon war der Aushang am schwarzen Brett angebracht: »Mandalas malen mit Herrn Hoffmann, nächsten Dienstag, 14:00 Uhr.«

Die Teilnehmerzahl war überschaubar, was mich aber nicht weiter irritierte. Ein Herr war neu in der Runde, ich kannte ihn noch gar nicht. Erst wenige Tage zuvor war er bei uns eingezogen. Er stellte sich als Herr Pintor vor. Mitten in der Aktivität, er saß gemeinsam mit mir an einem Tisch, schimpfte er wie ein Rohrspatz. »Die Stifte sind das Allerletzte, das ist hier sowieso alles eine Zumutung.« Sein Kopf erreichte eine bedrohliche Rotschattierung. »Ich hab keine Lust mehr, ich hau ab!« Sagte es und knallte die Tür zu. Danke, zahlen! Für mich war das der krönende Abschluss eines ungeliebten Nachmittags. Nun denn, ich hatte es hinter mich gebracht, »Auftrag ausgeführt«. Sportler würden wohl sagen »Mund abputzen und weitermachen«. Dennoch hing mir die heftige Reaktion noch einige Tage nach.

Etwa vier Wochen später rief mich Herr Pintor, als ich gerade an seinem Zimmer vorbeilief, zu sich. Er bat mich, Platz zu nehmen und eine Schublade zu öffnen. Darin lag ein kleines Skizzenbuch. »Schlagen Sie es mal auf«, sagte er. Was ich dann erblickte, war einfach nur wunderbar: Seite um Seite waren Bleistiftzeichnungen zu sehen, eine schöner als die andere, jeweils mit Datum versehen und unverkennbar mit »Pintor« signiert. Ich starrte aufs Buch und dann auf Herrn Pintor, der schließlich sagte:

»Ich habe immer schon gezeichnet. Dann kam dieser besch... Schlaganfall. Meine Hand will immer noch nicht so wie ich es möchte, aber es wird besser. Übrigens, vor vier Wochen: Ich wollte Sie nicht so anfahren, aber ich war einfach so unzufrieden mit mir selbst. Das hat mir den letzten Nerv geraubt. Ich konnte diese blöde Vorlage nicht mal sauber ausmalen, ohne die Linien zu überschreiten. Aber mein Eifer wurde wieder geweckt. Ich bat meine Kinder, mir ein Skizzenbuch zu kaufen. Seitdem fertige ich jeden Tag eine neue Skizze an, um wieder besser zu werden. Ich hoffe, ich komme wieder dahin, wo ich mal war«, führte er aus.

© Kalle Kolodziej – Fotolia.com

Mir stockte der Atem. Ich fand es einfach nur grandios, dass diese Aktivität, zu der ich »zwangsverdonnert« wurde, einen derart wichtigen Impuls für Herrn Pintor dargestellt hat.

Um sein, ob der wiederentdeckten Ressourcen erwachtes, Selbstbewusstsein weiter zu fördern bat ich ihn, mir diverse »Cliparts« zu zeichnen: Miniaturbildchen, die ich für unsere Wochenaushänge verwenden wollte. Diesem Wunsch kam er gerne nach. Er zeichnete uns Symbole für Filmvorführungen, für Gesprächskreise, für Ausflugsfahrten, ja, selbst für Inges »Kreatives Gestalten« – in der allseits geteilten Hoffnung auf ihre baldige Genesung. Durchweg alle Aushänge des Hauses trugen fortan Herrn Pintors persönliche Note und er wurde nicht müde, jeden Bekannten, der zu Besuch kam, direkt vor das Schwarze Brett zu führen, um den Aktivitäten-Wochenplan mit seinen Zeichnungen zu zeigen.

Erst kürzlich habe ich erfahren, dass Herr Pintor noch immer in dem Pflege-heim lebt. Wie mir berichtet wurde, sind mittlerweile zahlreiche großfor-matige von ihm gezeichnete Bilder im Haus aufgehängt worden. Das erfüllt mich mit großer Freude und auch mit ein wenig Stolz.

Bis zu diesem Zeitpunkt hätte ich nicht gedacht, dass »Kreatives Gestalten« so viel positive Energie für das Leben eines älteren Mannes bedeuten kann.

Im Falle von Herr Pintor hat es einen Stimmungswandel bedeutet – raus aus der Depression, hinein ins Tun. Ressourcen feststellen, daraus Selbst-bewusstsein ziehen. Sich trotz aller Einschränkungen noch als nützlich empfinden.

Darum möchte ich Ihnen nochmals folgenden Rat für Ihren beruflichen Weg mit auf den Weg geben: Orientieren Sie sich stets an den Menschen, nicht an seinem Geschlecht.

Bei Ihrer verantwortungsvollen Aufgabe wünsche ich Ihnen allzeit gutes Gelingen!

Literaturverzeichnis & sonstige Quellen

Bundesministerium für Familie, Senioren, Frauen und Jugend (2016): Siebter Altenbericht zur Lage der älteren Generation in der Bundesrepublik Deutschland. Berlin.

DeLamater J, Koepsel E (2015): Relationships and sexual expression in later life. A biopsychosocial perspective. In: Sexual Relationship Therapy 30, 2015, S. 37–59

Filipp S, Mayer K (1999): Bilder des Alters – Altersstereotype und die Beziehungen zwischen den Generationen. Kohlhammer, Stuttgart.

Gaede K (2019): Metoo in der Pflege. Diese 12 Tipps helfen Ihnen bei sexueller Belästigung. Im Internet: https://www.pflegen-online.de/diese-12-tipps-helfen-ihnen-bei-sexueller-belaestigung

Gelber RP, Launer LJ, White LR (2012): The Honolulu-Asia Aging Study: epidemiologic und neurophathologic research on cognitive impairment. In: Curr Alzheimer Res. 2012, Nr. 6, S. 664ff.

Hammer E (2012): Das Beste kommt noch – Männer im Unruhestand. Herder, Freiburg.

Hammer E (2014): Männer altern anders – Eine Gebrauchsanweisung. Herder, Freiburg.

Heusinger J, Kammerer K (2013): Literaturstudie Pflege und Gender. Abschlussbericht zum ZQP Projekt. Berlin

Jimenez F (2015): Warum die Suizidrate bei Männern höher ist. Im Internet: https://www.welt.de/gesundheit/psychologie/article140153773/Warum-die-Suizidrate-bei-Maennern-hoeher-ist.html

Lehmann A (2015): Männer in Pflegeheimen sind oft Einzelgänger. Im Internet: https://www.waz.de/staedte/muelheim/maenner-in-pflegeheimen-sind-oft-einzelgaenger-id10796043.html

Lindau ST, Schumm LP, Laumann EO u. a. (2007): A Study of Sexuality and Health among Older Adults in the United States. In: New England Journal of Medicine 357, Nr. 8, S. 762–774.

MDS & GKV (2018): Richtlinien des GKV-Spitzenverbandes über die Durchführung der Prüfung der in Pflegeeinrichtungen erbrachten Leistungen und deren Qualität nach § 114 SGB XI für die vollstationäre Pflege vom 17. Dezember 2018

Müller-Hergl C (2010): Was machen wir denn mit den Männern? In: pflegen: Demenz 15/2010

Nienhaus A et al. (2016): Gewalt und Diskriminierung am Arbeitsplatz. Gesundheitliche Folgen und settingbezogene Ansätze zur Prävention und Rehabilitation. In: Bundesgesundheitsblatt, Vol. 59, No. 1, 2016, S. 88–97.

Profamilia (2016): Sexualität und Demenz. S. 6 Im Internet: https://www.profamilia.de/publikationen.html?tx_pgextendshop_pi1%5Baction%5D=show&tx_pgextendshop_pi1%5Bcontroller%5D=Item&tx_pgextendshop_pi1%5Bproduct%5D=144&cHash=982d8dbfeb-c47b3711668e8431181197

Sawicki P (2016): Was alte Männer wollen. Im Internet: https://www.deutschlandfunkkultur.de/sozialangebote-fuer-maenner-in-pflege-heimen-was-alte.976.de.html?dram:article_id=354956

Schirmer U et al. (2012): Prävention von Aggression und Gewalt in der Pflege. 3., akt. Aufl. Schlütersche Verlagsgesellschaft, Hannover.

Statistisches Bundesamt (Destatis) (2018): Pflegestatistik 2017 – Pflege im Rahmen der Pflegeversicherung – Deutschlandergebnisse, S. 18 Im Internet: https://www.destatis.de/DE/Publikationen/Thematisch/Gesundheit/Pflege/PflegeDeutschlandergebnisse.html

Watzke M (2016): »A bisserl Charme und Bauchpinselei«. Im Internet: https://www.deutschlandfunkkultur.de/wie-motiviert-man-maenner-im-altenheim-a-bisserl-charme-und.976.de.html?dram:article_id=354948

Webseiten

http://www.baumessenrw.de
http://www.jagd-und-hund.de
http://www.ifa-berlin.com
http://www.bergbaumuseum.de
http://industriemuseum.lvr.de
http://www.dasa-dortmund.de
http://www.fussballmuseum.de
http://www.landschaftspark.de
http://www.zollverein.de
http://www.schiffshebewerk-scharnebeck.de
http://www.dortmunder-hafen.de
https://beton-deko.de
http://www.ljv-nrw.de
http://www.veeh-harfe.de
http://www.dokanyo.net
http://www.mieteeinhuhn.de

Musik

Herbert Grönemeyer: »Männer«, erschienen auf dem Album »Bochum 4630«, EMI, 1984

Filme

Cast Away – Verschollen (Originaltitel: !Cast Away"), 20th Century Fox und DreamWorks, 2000

Register